「なぜか売れる」の営業

理央 周

こんな状況を
夢見たことはありませんか？

朝、出社してパソコンを立ち上げると、
新商品の購入を希望するメールが
大量に届いていて、パニックになる。

苦手な顧客を訪問すると、
先方が笑顔で待っていて、
「ハンコを押すから、早く契約書を出して」
と言われる。

「買ってください」と売り込まなくても、注文が殺到する。
毎日、毎週、毎月の売上ノルマに苦しめられない……。
売る人にとって、「夢」のような話です。

でも、ここで発想を変える必要があります。

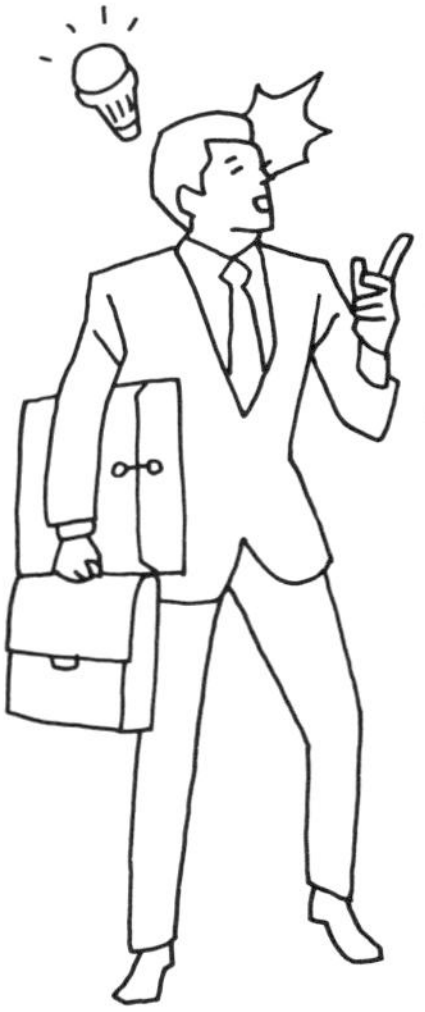

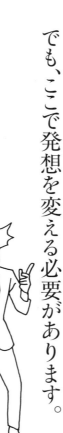

私は、マーケティング・マネジャーとして、
多くのセールス担当者と仕事をしてきました。
そして、優秀なセールスの特徴がわかりました。

よく売る人、店、会社は、
「買ってください」を連呼するような、
無理な「売り込み」をしません。

そのかわり、顧客が買いたくなる環境、仕組み、
顧客へのアプローチをいつも考えています。
では、具体的に何をやっているのか。
考えてみましょう。

プロローグ

買ってほしいなら、売り込んではいけない

商品を作ったり、売ったりする際に、もっとも大切なのは顧客目線で考えることです。

そこで次のような状況を思い浮かべてみてください。

・土曜の午後、昼食をとって、DVDで映画でものんびり観ようとしていた。すると、いきなり電話がかかってきて、「少しお時間いいですか。◯◯投資についてなんですが……」

・月曜の午後、「週の頭って乗らない。でも明日締め切りの企画書、早く作らないと」と憂鬱《ゆううつ》な気分。すると取引先の営業マンが現れて、「最近、冷たいじゃないっすか、◯◯さん。ちょっとは仕事をまわしてくださいよ」

ほとんどの人が「迷惑だ」と思うはずです。とても極端な例ですが、熱心に売り込んでばかりの営業担当者はこれと同じベクトルの仕事を無意識でやってしまっています。

人間は、強く売り込まれると買いたくなくなる性質を持っています。ですから、「顧客が自然に買いたくなるには、どうすればいいのか」に頭を絞るべきですが、なぜか「顧客に売り込むには、どうすればいいのか」ばかり考えます。だから、ますます売れなくなります。

私がいろいろなところで紹介する、マネジメントの発明者と言われるピーター・ドラッカーの言葉にこんなものがあります。

セールスを不要にせよ。

もちろん、営業部を廃止せよとか、営業部員をリストラせよとは言っていません。

これは、「直接売り込むことなく、買ってもらえるようにしましょう」という意味です。

本書が目指すのは、この「買ってもらう」にはどうすればいいのか、そのヒントを皆さんと一緒に考えることです。

仕事には、ときに根性が必要な局面もありますが、その要素をなるべく排除し、私たち一人ひとりがマーケティングマインド、つまり顧客志向を持って、効率的・効果的に商売を展開するにはどうすればいいのかをともに考えていきましょう。

「あのビル、全部まわってこい」の不合理

とはいうものの、現実にはそう簡単にいきません。多くの営業担当者が、上から「売り込み」を強要されて、「効率が悪いな」と思いながらもしぶしぶ指示に従っています。

私の知り合いのコピー機の営業マンは、新人の頃、上司からこんな指示を受けたそうです。

「あそこに20階建てのビルがある。1フロアに4社入っているとすると、80社あることになる。今から全部まわって、最低でも3社から契約を取ってこい」

当時でも、コピー機のない会社はほとんどなく、すでに他社の機械が入っているところへ行って、「うちのほうがいいので、入れてください」と契約をひっくり返せというのです。

この上司、「営業は気合と根性だ！」と日ごろから言っていたそうです。

契約の変更は、顧客にとってたいへん面倒です。契約内容の細部を検討しなければなりませんし、上司の決裁を得る必要もあります。「なんで変えるの？　困ってないのに」と聞かれれば、説得力のある理由を話さなければなりません。

そのうえ顧客は、「変えたら、前のほうがメンテナンスがしっかりしていた、なんてこともあるかも……」と考えます。つまり、顧客も大変なわけです。

数をこなす営業は結果を出すためには重要ですから、それ自体は否定しません。けれども、ただ「お願いします」と頭を下げても、売れる確率はそれほど高くはないはず。

それなのに、根性の営業が多くの会社で信奉されています。なぜでしょうか。

営業は、「結果」だけが問われる仕事です。プロセスでいかに努力しても、受注できなければ、評価されません。そして現場の営業担当者としていい成績を収めた人が会社から高い評価を受け、マネジャーとして抜擢《ばってき》されやすくなります。

では、どんな人の営業成績が上がるのか。次の3つの要素で決まる面が大きいでしょう。

- **仕事の進め方が適切だ（戦略的に正しい）**
- **キャラクターが営業に向いている（対人能力が高い）**
- **努力を惜しまない（数をこなせる）**

この3つの要素、すべてを満たす人が優秀な営業担当者ですが、世の中に多くはいません。

そして、平均より高い成績を収めている方々を観察すると、「とにかく断られてもめげずに顧客を訪問する」「商談をどんどんこなす」「顧客の要求にできる限り応えようとする」など「努力の投入量」によって結果を出しているケースが結構あります。

そして、そういう方がマネジャーになると、自身が成功した「やり方」を部下にも指導します。これはこれで完全に間違いというわけではありません。同じ方法で営業活動をする場合、訪問や商談を増やせば、受注数が増えるからです。

売れる営業のポイントは3つだけ

しかし、80社まわるのは「手段」であって「目的」ではありません。「目的」が3社との契約ならば、10社まわって実現できるなら、そのほうが効率的です。

では、その80社をどうやって10社に絞るのか。それを考えるのが、戦略的に正しい仕事の進め方をする、つまり「マーケティングをする」ということです。さらに言うと、マーケティングにおける「ターゲティング」をしっかり行うということです。

あまりもったいぶっても怒られるので、本書で皆さんとともに考えていくマーケティングにもとづいた戦略的営業とはどんなものかをご紹介します。

マーケティング戦略をシンプルにまとめると、次の3つのポイントになります。

❶何を、❷誰に、❸どうやって

それぞれ「❶商品（製品）戦略」「❷ターゲット戦略」「❸プロモーション戦略」を意味します。この3つのサイクルで仕事をすれば、ややこしい理論を学ばなくてもマーケティング的に正しいビジネスができます（詳細は拙著『なぜか売れる」の公式』をご覧ください）。

しかし、営業という仕事では、たいていの会社では「売るもの（商品）」が決まっていますから、さらに絞り込んで仕事を展開できます。これもシンプルに3つのステップにまとめられます。

❶知る、❷超える、❸動く

「たったこれだけなのか？」と不審に思われるでしょうか。はい、たったこれだけです。

このステップ、それぞれ簡単に説明すると、「❶知る」は、「現状（顧客、商品、競合、自社、自分自身など）を分析して正しく把握《はあく》する」こと。まずはこれがスタートになります。

そして「❷超える」は「戦略と企画を立て、顧客の期待を超える価値を絞り出す」こと。

最後に、「❸動く」は「自分が立てた戦略に従って効率的に動く」ことになります。具体的には、マーケティングのターゲット戦略とプロモーション戦略、さらに実行プランをより精密にきめ細かく考えたうえで効率的に動く（営業する）ことを意味します。

会社の経営トップは、全社的な「営業戦略」を考えますが、営業担当者一人ひとりは、自分なりの「戦略営業」を考えるべきです。そのためにはどんな準備が必要なのか、この3つの柱を中心に、これからお話ししていきます。

会社における最強の存在とは

私は、主に外資系企業でマーケティング・マネジャーを務め、現在はマーケティングに特化したコンサルティングや研修などを手掛けています。

長年、マーケティング戦略を練ることを仕事にしてきたわけですが、もし、「ビジネスにおいて、最強で最重要の仕事は何か」と問われたら、「営業」だと断言します。

すべての会社、商店は顧客に買っていただかないことには商売が成り立ちません。どんなに立派なマーケティング戦略を作っても、営業の現場が動かなければ何の意味もありません。

経済学に「プリンシパル・エージェント理論」というものがあります。ほとんどのビジネスの現場には、プリンシパル（依頼人）がエージェント（代理人）に仕事を任せる関係があります。

たとえば、株主（依頼人）が経営者（代理人）に会社の運営を委任する、プロ野球選手（依頼人）が弁護士（代理人）に年俸交渉を委任する、といった関係です。そして、依頼人と代理人の間には、「情報の非対称性」があります。これは、実際に動いている代理人が「現場の情報」をたくさん持っていて、依頼人は現場のことはよく知らない、つまりそれぞれの「情報量」が違うのだとここではざっくりご理解ください。

情報が非対称な場合、現場を知っている代理人が圧倒的に有利です。上司の目を盗んでサボって結果が出なくても、「頑張ったんですけど……」と言い訳できるのも同じ理屈です。

この依頼人と代理人の関係は、経営者やマーケティング戦略を練る人と、営業の現場の人との関係とよく似ています。

マーケティング担当者が策定する戦略は、どうしても「顧客」をマスで考えますが、営業担当者は現場で顧客一人ひとりの顔を見て、個々の反応を感じ取ることができます。

ビジネスでもっとも大切な顧客の「生の情報」を独占するわけですから、これはもう圧倒的に営業が有利です。マーケティング戦略が間違っていても、それを変える力は、顧客の一番近くで戦っている、営業の現場にしかありません。

一方で、営業が誤った仕事の進め方をしても、細かな部分は、マーケティングや生産部門、管理部門、さらには経営層にも正すことが難しくなります。

つまり営業には、ビジネスの成否、会社の将来すべてを決めてしまう力があるわけです。

世の中の営業本は、すごく役に立つ！

私はアメリカの大学のビジネススクールでマーケティングを学び、ＭＢＡ（経営学修士）を取得しました。

当時、ビジネススクールではマーケティングが人気科目で、セールスや営業に関する科目はほとんどありませんでした。営業の学問的な研究がほとんどなされていなかったのです。

これは、営業、セールスが軽視されていたからではなく、仕事の性質上、俯瞰《ふかん》して分析するのが難しかったからです。

営業の仕事は、業態や会社によってもまったくやり方が違いますし、個々人のキャラクターや顧客との相性など、人間的な要素が占める部分が大きいので、体系化したり、可視化したりすることが難しいのです。

それもあって、営業に関する本も、「セールストーク」や「クロージングの仕方」などのテクニックを指南するもの、「トップ営業マンのルール」といった個人の成功哲学によるものが中心になります。

もちろん、そうした営業指南書は個々人の技術を高めるうえでは非常に役立つものです。それに加えて一人ひとりの営業担当者がマーケティングマインドを身につけて、戦略・戦術を考案できれば、さらに成果は高まるはずです。

また、営業部門以外の方々に、ビジネスでもっとも大切な営業という仕事の意味、営業マインドのポイントを理解していただくためにも、本書はお役に立てると思います。

殺し屋のセリフに売れる秘密がある

プロローグの締めとして、最後に、私が大切にしているある言葉を紹介させてください。

「周到な準備が、勝利を導く Victory loves preparation.」

『メカニック』というアメリカのアクション映画に登場するもので、私の大好きな言葉です。

この映画は、一切の痕跡《こんせき》を残さない完璧な仕事ぶりから〝メカニック〟と呼ばれる殺し屋が主人公です。イギリスの俳優、ジェイソン・ステイサムがクールに演じています。

彼が弟子に仕事を教え込み、さまざまな「非情の掟《おきて》」を伝授していくというストーリーなのですが、その中でとても印象的なシーンに登場する言葉です。殺し屋の言う格言ですから少々物騒ではありますが、裏社会だけでなく、ビジネスの世界でも響く言葉だと思います。

この言葉を心に留めながら、営業にはどんな戦略が必要なのか、周到に準備して、みなさん一緒に勝利を導きましょう。

２０１８年７月

理央　周

売り込まれるのは、
迷惑なのです

「なぜか売れる」の営業

目次

プロローグ　買ってほしいなら、売り込んではいけない

第1章 ほとんどの顧客は、あなたの商品を必要としない

第2章 ノンアルコールビールを飲んでいるのは誰？

第3章

売り込まずに顧客を獲得する方法

第4章 アジを釣りたいなら海へ行け

第5章

「言われるまま」を捨て、「顧客目線」を持つ

ブックデザイン・やなかひでゆき
装画・本文イラスト・岡田丈
構成・小林裕子

第1章

ほとんどの顧客は、あなたの商品を必要としない

顧客の時間を盗んでいる犯人

営業の戦略を考えるうえで大切なのは、「❶知る、❷超える、❸動く」という3つのポイントについてしっかり理解することです。

しかし、それ以前に押さえておくべきことがあります。それは、ビジネスで一番大切な存在、つまりお客さま、顧客とはどのような「生き物」なのか、どんな性質を持ち、どのような行動をするのか、その点を突き詰めておくことです。

もちろん顧客については、多くの賢人たちが、その重要性を見逃すはずがありません。私が心から尊敬するドラッカー先生も、「**ビジネスにおいて、最も大切なのは顧客の創造である**」と言っています。

当たり前のことですが、この世のあらゆるビジネスは、顧客があってこそ成り立ちます。どんなに素晴らしい商品やサービスがあっても、顧客を創れなければ、何の意味もありません。

「買っていただく」3つのステップ

けれども、実際には、顧客を創ろうとするあまり、むしろ顧客が離れていってしまうようなことをしている人がいます。

　こんな経験をされている方、たくさんいると思います。

　毎日自宅の郵便受けに大量に投げ込まれるチラシやダイレクトメール。

「〇〇買いませんか？」「新規オープンしました。ぜひご来店を！」といった、何の工夫もないメッセージだけが書かれてあって、中身をしっかり見ることもせず、ガサッとつかんで、そのままゴミ箱へ。

　あるいは、年末に送られてくるカレンダー。

　風光《ふうこう》明媚《めいび》な場所に和服の美女が写ったデ

ザインで、それ自体は悪くはないのだけれど、わが家のインテリアにはそぐわない。「でも、せっかく送ってくれたのだし」「このまま捨てたらエコじゃないし」と扱いに困り、丸めたまま1年間持ち続けた挙句、結局、年末にそのままゴミ箱へ。

工夫のないチラシやDM、センスの合わないカレンダー。いずれも顧客を創りたいという強い思いから配るのでしょうが、どれも「売り込もう」とする売り手の都合を押しつけています。当たり前ですが、**人は関心のないものには、関心を示しません。**

それが必要なのか分別させたり、処理をさせたりするだけでも、顧客の大切な時間を奪い、さらにはストレスまでも与えているかもしれないのです。

こういう非効率を続けていては、顧客を創るどころか、むしろネガティブな印象を与えかねません。

なぜ、買ってしまうのか

マーケティングでは、このようなチラシやＤＭはレスポンス広告と呼ばれます。

商品やサービスの説明が詳しく、わかりやすく書かれ、最後は「お問い合わせはこちら」「資料請求はこちら」といった次のアクションを促すメッセージで締めくくられていたりします。

一方、テレビＣＭや街頭ポスターなど、タレントを起用したり、インパクトのあるビジュアルやキャッチコピーを使ったりして作られたものをイメージ広告といいます。企業や商品・サービスのイメージをアップするために打たれる広告です。

レスポンス広告の特徴は、読んで字のごとく、「レスポンス＝反応」が得られることです。そのチラシやＤＭに対して、資料請求や注文が実際にどの程度あったのかがわかります。

不特定多数の顧客に対して、いわば投網《とあみ》を打ってすくい上げるという手法ではありますが、効果を数字で表すことができます。

たとえば、5万枚のチラシを作成、配布する費用に100万円かけて、50件の注文が入ったとすると、注文1件に対して発生した費用は2万円になります。つまり、売れた商品やサービスでそれぞれ2万円以上の売り上げがあり、利益が出るのであれば、チラシの配布が有効だったということになります。

このチラシやDMにどれくらいの効果があったか、レスポンスがあったか（レスポンス率）、その評価基準は、どれくらいの価格の、どんな商品かによって大きく変わってきます。

宅配ピザのチラシなら高いレスポンス率が必要になるでしょうし、新築マンションなら反応が少なくても確実に成約につながればそれでいいわけです。

ここで重要なのが、チラシやDMの作り手が顧客の顔をきちんと見ているかどうかです。

チラシの活用で成功している有名な例がユニクロです。朝配達される新聞の折り込み広告などでお馴染みです。あのチラシは、柳井正会長兼社長もたいへん重視しているようで、何をプッシュするのか、それをどう見せるのか細部にわたって気を遣って作成されていることがわかります。

季節限定のセール品やユニークなキャラクターの商品など、こちらがつい興味を持ってしまうような企画、「今のうちに買わなければ」と思わせるような写真、キャッチコピー、価格表示が並び、買う予定がなくても、つい見てしまうつくりになっているのです。

このチラシを作成する際、おそらくユニクロの人たちは、**自社の顧客はどんな人たちで、何を欲しがっていて、どういう行動をするのか**まで、きめ細かにイメージしているはずで、だからこそ多くの人がチラシを見て来店し売り上げにつながるのです。

「得するのは、あなただけでしょう」では買わない

東京都の中心部で売りに出された超高級分譲マンションのチラシとユニクロのチラシとでは、その顧客層の集合は重複する部分ももちろんあるでしょうが、完全に重なることはありません。

顧客層が違うとなれば、自然と、発するメッセージや広告の作り方も変わってくるはずです。

それなのに、ただチラシを配っておけばいい、DMを打っておけばいいという安易な考えで工夫のないものを作るから、顧客の迷惑につながるわけです。

先に「人は売り込まれたくない」という意味のことを書きましたが、より正確に表現すれば、工夫のない売り込みをされたくない、とでもなるでしょうか。

そもそも関心のないこと、潜在的需要も掘り起こされないこと、こちらが「なるほど」と唸《うな》らされるような情報もないことを無神経に、しかも**一方通行的に売り込まれるから「迷惑だ」となる**わけです。

この顧客心理については、とても重要なポイントになるので、しっかり頭に刻み込む必要があります。

マーケティングの世界では、プッシュ戦略とプル戦略という言葉があります。

プッシュ戦略とは、メーカーの営業担当者が、卸や小売りなど最終ユーザーに自らの商品を渡す仕事に携わる人々に対してアプローチし、多く販売してもらうため

商品の流れと仕事のポイント

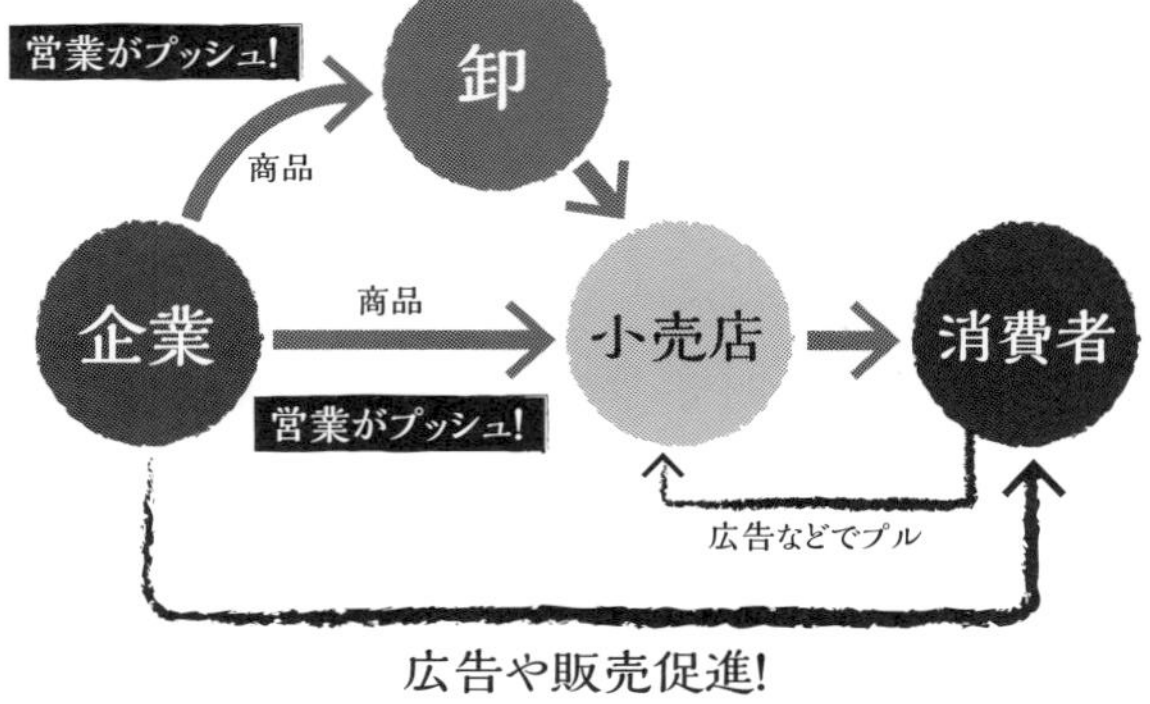

に働きかけるものです。

これは利益率の高い商品や、知名度が低い商品、あるいは顧客に対して詳しい説明が必要な商品などに有効だと考えられています。

一方、プッシュ戦略のように「押す」ものもあれば、当然「引く」やり方もあるわけで、こちらは「プル戦略」と呼ばれます。

プル戦略とは、顧客のほうから「買いたい」と思わせる仕掛けを作ることです。たとえばイメージ広告などの宣伝を通じて、商品や会社の良い印象を浸透させ、顧客のほうから指名買いしてもらえるように働きかけるのもこれにあたります。

プル戦略は、飲料や日用品など、メーカーなどが顧客に直接働きかけることのできる身近な商品（最終消費財など）に対して使われることが多い戦略です。いわばBtoCの商品に有効であると考えられています。

そして、プッシュ戦略にしろ、プル戦略にしろ、顧客がなぜお金を払うのかをしっかり考えなければ有効な手は打てません。

ごくシンプルに説明すると、こうなります。

顧客は、価格以上の価値を商品やサービスに見出さない限り、財布を開かない。

これを経済学的に説明すれば、コストと効用となりますが、そんな小難しい言葉を使わなくても、優秀なビジネスパーソンならば、誰もが本質的に理解しています。

ユニクロのチラシを見れば、「このTシャツでこの値段は安い」と思い、優秀な営業担当者がデパートの仕入れ担当者と商談をすれば、「この商品は店頭でよく売れそうだ」と考え、チョコレートの面白いテレビCMを観た視聴者は、「今度コンビニに行ったら試してみよう」となります。

ビジネスの世界では、よくウィン・ウィンという言葉が使われますが、顧客はとてもわがままです。極論すれば（まさに極論ですが）、売り手の利益のことは考慮しません。自分がお得感を得られればそれでいいわけです。

そういう意味では、工夫のないチラシやＤＭ、ただひたすら売り込む営業は、顧客に財布を開いたときの価値を感じさせないという意味で同類です。「売りたいのはわかるけど、それで私に何の利益があるの（価値が得られるの？）。あなたが儲けたいだけじゃないか」と顧客に思わせるから、「迷惑だ」となるわけです。だから買いません。

テレアポ営業に課せられた高いハードル

直接的な売り込み方をすることによって、逆に顧客から敬遠されがちなものとして思い浮かぶのが、テレアポ（テレフォンアポインター）による営業です。

たとえば、休日の昼下がり、ＤＶＤで映画鑑賞をしているさなかに、「〇〇の投資をしませんか？」といった電話がかかってきたら、かなりの人が「迷惑」だと思います。

このテレアポの営業もレスポンス広告と同じような考え方で行われていて、顧客に接触した件数に対する成約の確率はかなり低いものになります。

これはとてもわかりやすい理屈で説明できます。

まず、いきなり電話をかけることによって、顧客の時間を使わせています。この時点で、顧客にとっての価値を伝える前からコスト（時間）を支払わせて（使わせて）しまっているので、興味を惹《ひ》くという意味でかなりハードルを高めています。

さらに、よくテレアポから勧められる投資商品などを例にすれば、「かなりの高利回りを期待できます」などが売り文句になります。

でも考えてみれば、「そんなに儲かるのなら、顧客に売らないで、自分が投資すればいいじゃないか」となります。しかし、なぜか顧客に売り込んできます。

投資の世界では、何を運用するにもそれなりのリスクがつきものです。しかし、売り手はそのリスクを少しも負いたくない。だから確実に利益をあげるために、投資商品を販売することによって、手数料などで利益を得たいわけです。

多くの顧客はそこまで考えなくても、「うまい話が向こうから転がってくることはない」という常識を持っていますから、「結局は、あなたが儲けたいだけじゃないか」と察知するので、断りたくなります。

こうしたテレアポ営業について、反応率は業種や商材によって違ってきますが、たとえ名簿の端から電話をかけてたくさん断られたとしても、時給制のアルバイトなどに依頼することによって、なるべく人件費を抑え、さらにアプローチの件数を増やし、高額な商品で1件成約が取れれば、それなりに利益が出るような計算になっています。

そういうわけで、不動産をはじめ投資商品など高額商品を売る場合、顧客に迷惑がられるのを承知でテレアポ営業が行われやすくなるわけです。

非効率の悪循環はなぜ起きるか

網を広く張り、「下手な鉄砲、数打ちゃ当たる」といった考えで、顧客を獲得しようとし続けたらどうなるでしょうか（これは顧客の創造ではありません）。

まず間違いなく言えることは、たとえ一度は買ってくれる顧客がいたとしても、次のリピートにはつながりにくいということです。

世の中には、しっかり顧客に「価格以上の価値」を伝える術《すべ》を持っていて、さらに多くの件数の仕事をこなすスーパーマンもいるのですが、彼らから学ぶべきことは、**「価格以上の価値」をどう顧客に伝えているのか**、という点です。

中には、猛烈に売り込まれて「買わされた」と感じながら財布を開く顧客もいるでしょう。

その際の顧客の心理は、「熱意にほだされた」と自己認識することによって、「自分はいい人だ」と思えるという効用を得ている場合もある一方で、「もう相手をするのが面倒だから、仕方がないから買うか」という（時間や手間の）損失を回避している場合もあります。

後者の場合、ほぼ間違いなくネガティブな印象を持つでしょう。だから、一度きりの付き合いになってしまう可能性が高くなります。

そうすると、売る側も、またゼロからのスタートとなり、同じことを繰り返します。

大量に送った手紙は見てもらえない、電話はすぐに切られるし、個別訪問すれば門前払いをされる。そうやって無駄打ちばかりしている間は、顧客の数は増えていきません。

そこに、上司から売上目標を課せられて、そのノルマに追われたりすると、さらに無駄なアプローチを増やすことになります。そうすると、仕事が雑になるから成果があがらず、ノルマに追われてまたまた無駄なアプローチが増え……と、どんどん悪循環に陥ってしまう。

正しい意味での経験が積めないから営業スキルも向上せず、最終的には、やってきたことすべてが無駄になってしまうのです。

これが非効率な営業の落とし穴というわけです。

いったん顧客に嫌われたら、挽回するのはほぼ不可能

心理学に「ネガティビティ・バイアス」という言葉があります。

これは、一般に、人は意思決定をしたり、人や物を判断したりするとき、ポジテ

ィブな情報よりもネガティブな情報に、より大きな影響を受けることを言います。つまり、**悪い情報の印象のほうが残りやすい**ので、ある人や物、会社などの悪い情報を得てしまうと、そちらが強烈に頭に残ります。

さらに、心理学には「確証バイアス」という考え方があります。

これは、いったん何かについてイメージを持つと、その何かについて、いろいろな情報があっても、最初に**固定されたイメージを裏付けるような情報**しか認知せず、さらにそのイメージを強めていくというものです。

この2つの考え方を合わせて、わかりやすく説明すると、いったん誰かに対して不快な印象を持ったら、その人についての悪い面ばかりが目についてしまい、さらに嫌いになってしまうということです。

ここからも、いかに顧客に対して、最初からいい印象を与えることが大切かということが理解できます。だから猛烈な売り込みなど、相手に不快感を持たれる恐れがある行動は、あまりお勧めできないのです。

営業の目指すところは、顧客を創って、その顧客と長く付き合える関係となることです。それには、顧客との信頼関係を築くことが不可欠です。

では、顧客に信頼してもらうにはどうしたらいいのでしょうか。

「売り込もう」とする前に、まずは、顧客のことをよく知ること、そして、有益な情報を提供することです。それには、顧客についてしっかりリサーチし、また顧客の話をきちんと聞く。そういう、一見当たり前のようなことをしっかりやる、それが大切になってくるのです。

社長を落とすカギは蕎麦とゴルフ？

私たちは、大量の不要なチラシやDMの中に、友人の手紙や銀行からの通知が紛れていたとしても、それらは捨てずにちゃんととっておきます。それはなぜでしょうか。

答えは簡単です。必要なものだからです。自分にとってためになる、ないと困る、そういうものであれば、当然、人はきちんと選り分けるわけです。

たとえばチラシやDMなどをうまく工夫して作っている私の知り合いのお店などでは、「買ってください」というメッセージを直接記すのではなく、調理法についてのちょっとした情報や地域についての有用なマップなどを紹介します。

するど受け取った側は、そのチラシやDMに関心を持ってくれるのです。


先ほど、顧客が何かを買う際には、価格以上の価値を商品やサービスに見出すからと書きました。ここでの「価値」とは、商品やサービスそのものに付随するものに限りません（商品やサービスの価値が高いのは大前提ですが）。

たとえば、同じ価格、同じ性質の商品を、Aさん、Bさんという2人の別の会社の人が営業しているとします。このとき、顧客であるあなたは、どちらから買うでしょうか。

2人が所属する会社の信用度なども大切な要素になるのは間違いありませんが、そもそも**Aさん、Bさん、どちらから「買いたい」のかというのも選択のうえで大きなポイントになる**のではないでしょうか。

もちろん、Aさん、Bさんとのキャラクターの相性なども大いに関係するでしょう。しかし、ビジネスベースでは、どちらと付き合うと価値を得られるかという違いも大切でしょう。

ある出版社の方に聞いた話なのですが、優秀な編集者や記者は、「話を聞きたい相手には、話をもたらす」のだそうです。

たとえば、研究者にインタビュー取材に行ったとすると、本題に入る前に、「今、学会内部は、○○先生と□□先生の派閥争いで大変らしいですね」といった情報をさりげなく提供する。どんなに偉い教授でもそういった情報は知りたいので、かなり話が盛り上がるそうです。

相手が興味を持つ話題を用意していれば、「この人と付き合うと面白い情報を聞ける」という「価値」を感じさせられるため、こちらもより深い話が聞ける。すると、さらに面白い情報が得られ、別の教授のところを訪ねても、さらに深い話が聞けるようになるのだそうです。

顧客は情報が大好きです。私の知る優秀な営業担当者も、その多くが情報通です。業界の内外を問わず、有益な情報を入手し、それを伝えられるので、顧客は商品・サービスの直接的な価値を超えたものを得られたように感じます。

情報のやりとりは、直接顧客と対面する営業担当者にとって、最大の武器です。

これはマーケティング部にも、ＤＭやチラシにも持てない強みです。

また、人は自分に関心が向けられていると思うと、相手に好感を持ちます。営業をかける会社のホームページをチェックするのは当然ですが、周辺情報も調べます。社長や担当者に関係するＳＮＳなどもチェックするのです。

たとえば、蕎麦好きな社長がいたら、「昨日のブログのお蕎麦、おいしそうでしたね」と話すだけで反応が違うでしょう。もしくは「昨日ゴルフで初めて90を切りました」とあったら、翌日は機嫌がいいはずなので、これはチャンスとばかりに話題にする。

飛び込みで行って、商談につながらなかったとしても、「よく調べているな」と相手の印象には残るはずです。名刺とパンフレットを渡すことしかできなかったとしても、ちょっとした情報を添えるだけで顧客に与える「最初の印象」はだいぶ違ったものになります。

やりすぎると気持ち悪がられて逆効果になりますが、適度なら効果があります。

集客のために美容室へ行ったラーメン店主

情報感度が高い人は、どこに行けば有用な情報が集められるのか、さらには情報を発信できるのかを誰に教えられるでもなく察知できます。

これは私の知り合いが、あるラーメン店のご主人から聞いた話です。その店はオープン当初、周辺にチラシを配るなどしてある程度の宣伝はしたものの、なかなか集客につながらない時期があったのだそうです。味には自信があるし、店の居心地もいいはずだ。

きっかけさえあれば、きっとお客さんに支持していただけるはず、と思っていました。

そのとき考えたのが、「この地域で一番情報が集まる場所はどこだろう?」。そして思いついたのが「美容室」でした。彼は近くでどこが一番人気かを観察して、髪をカットしに行ったのです。

そこで、仲良くなった美容師さんに「最近、近所にラーメン屋を開いたんですよ」と話して帰ったところ、すぐに食べに来てくれ、とても気に入ってもらえました。するとと、今度はその美容師さんが自分のお客さんに「新しくできたラーメン屋さん、おいしいですよ」とクチコミしてくれるようになったのだそうです。

営業するより、クチコミ情報に乗せる

これはマーケティングの世界ではよく知られた理論を実践した例で、「**バズ・マーケティング(クチコミ・マーケティング)**」と呼ばれます。イスラエル出身の研究家であるエマニュエル・ローゼンが書いた『クチコミはこうしてつくられる』(日

本経済新聞社）などで説明されています。

顧客は、営業活動やチラシなどの広告物にも影響を受けますが、それ以上にクチコミ情報に敏感に反応します。表向き利害関係のない人に勧められると、売り手から売り込まれるよりも信用度が高いから、という側面もあると思います。

美容室は、比較的長い時間、接客サービスをします。その間に、会話をする機会が多くありますから、地域密着型の店であれば自然とその地域の情報が集まり、多くの人に伝播《でんぱ》していくはず。そこにラーメン店のご主人は目をつけて、集客増に結びつけたのです。

バズ・マーケティングでは情報が集まるところを「ハブ」と呼びます。ハブ空港のハブです。

美容室に限らず、自分のまわりにも、情報が集まる場所（ハブ）は必ずあるはずです。社内情報であれば、社員食堂や休憩室、社外であれば、同業の情報交換会や、複数の会社に出入りしている取引先担当者など、自分なりの情報収集・発信方法が考えられます。

結局のところ、**情報収集ができるのは、いつも顧客のことを考えている営業担当者です**。

顧客が必要なものは何か、有益な情報は何かと、常にアンテナを張っていると、会社の食堂や休憩室などで、別のグループがしている会話なども自然と耳に入ってくるようになります。すると、何か情報をひとつ入手したときに、「これは使えるな」というひらめきが浮かぶようになるのです。

単に頭に浮かんだものは、「思いつき」に過ぎませんが、「ひらめき」は、いつもそのことを考え続けていて、ひとつ何かのヒントがあったときにピンとくるものです。それは蓄積してきた情報があってこそです。そして、そのひらめきは、そのまま具体的な行動に結びつきやすいのです。

顧客は本当に知りたい情報を知らない

では、顧客はどんな情報が欲しいのでしょうか。

それは、実は顧客にもわかりません。顧客自身は気づいていないけれども、教えてもらえたらすごく役に立つ話。それが顧客にとっての有益な情報です。

たとえばある営業担当者がA社を訪問して、「B社が発売した新商品、特に関西で売れているらしいですよ。それに、もともとは主婦向けだったのに、女子高生が買っているようです」など、A社の競合商品についての情報を伝えたらどうでしょうか。

もし、顧客がその情報を知らなければ、おそらく「その話、もっと聞かせて」と身を乗り出してくるはずです。

こうなると、たとえそのときは注文してもらえなかったとしても、必ず顧客の印象に強く残ります。こういうことを繰り返していれば、「次はあの会社に頼んでみようかな」と思ってもらえる確率も高くなるかもしれません。

マーケティングの世界では、ニーズについて、目に見える形のもの、いわゆる**顕《けん》在的《ざいてき》ニーズ**と、自分自身が気づいていないもの、いわゆる**潜在的《せんざいてき》ニーズ**という考え方があります。そして、顕在的ニーズよりも、潜在的ニーズに応えたほうが顧客の心をつかみやすいものです。

この考え方をかなり乱暴ではありますが、顧客（A社）に対して営業担当者がもたらした情報に当てはめてみると、どうなるでしょう。

仮に、A社の社員が「B社が新商品を発売したんだけど、売れ行きについて気になるな」と思っていたら、これは顕在的ニーズになります。

一方で、A社の社員が予想だにしない「主婦向けのはずが、女子高生に売れているらしい」という情報は、潜在的ニーズに応えたものになるとも考えられます。

もちろん、情報の取得や伝達については、とてもナーバスな問題ですから、コンプライアンス（法令遵守《じゅんしゅ》）の意識を高めて、不当・不正なやり方は絶対にしてはなりませんが、顧客が知らない話を頻繁《ひんぱん》に伝えられる営業担当者が重宝がられるのは間違いありません。

この顧客の潜在的ニーズに応えるというポイントは、情報に限らず、よく知られている「**ソリューション営業**」と近しい関係にあります。

大昔の営業は、先ほどからも何度も挙がっている、顧客の都合も考えず、ただ「買ってください」という方法が多かったのですが、その後、顧客がどんな問題を抱え、それにどう対処するか、解決手段を提案するやり方が主流になっています。たとえばIT関連のシステム営業であれば、「うちの経費管理システムが非効率なんだけど、これを改善できないか」と考えている企業に、より効率的なシステムを提案したりするのです。

これは、顧客が「解決したい」と思っている顕在的ニーズですが、最近では、世の中の動きが速すぎて、顧客自身も何が問題なのか、自分たちは何を必要としているのかを認識しにくい時代になっています。これは潜在的ニーズとも言えます。

この顧客が認識していないニーズについても「問題解決」できるような商品・サービスを営業するのが少し前から広がっているのです。

寿司とゴルフだけでは、つなぎとめられない

LIXILの元CEO、藤森義明氏が、雑誌のインタビューの中で、こんなことをおっしゃっていました。

「特別な関係」と「特別な価格」に頼ってはいけない。

つまり、特別な関係や特別な価格を提供することで、顧客をつなぎとめておくことはできないということです。

これは、最近はどんなに優れた商品、サービスもすぐに一般化してしまい、競合にキャッチアップされてしまうので、顧客との関係性や価格での差異に安住してしまっては、優位性を長く保つことはできない、という意味に読み取れます。

これを一般の営業担当者に読み替えてみると、こういうことも言えるかもしれません。

たとえば、取引先の購買担当者が寿司とゴルフが大好きだったとします。それを知った営業担当者が、銀座でおいしいと評判の寿司店へ招いたり、由緒あるゴルフ倶楽部で接待したりすることで、取引関係を築いていたとします。そうすると人間関係もよくなりますから、「何かあったらあなたにお願いします」と言ってもらえるかもしれません。

けれども、競合が、もっと高級な寿司店、もっと格式の高いゴルフ倶楽部で接待したとしたら、どうでしょうか。それまで築いてきた関係をすぐにひっくり返されるかもしれません。

価格にしても同じことです。競合がより安い価格を提示したら、顧客はそちらになびいてしまうでしょう。

では、どうしたらいいのか。やはり、**顧客の潜在的なニーズをつかんで、顧客の期待を超える価値を常に提供できるようにしておく**こと。これに尽きると思います。

顧客が重要だと思っていること、あるいは、今はまだ気づいていないけれども、顧客が本来やらなければいけないこと、そういうことを見つけ、その価値を提供することができたら、競合が真似することはできないからです。

99パーセントの顧客は、あなたの商品を必要としない

私は以前、ケーブルテレビ事業を手掛けるジュピターテレコム（J：COM）という会社に在籍していたことがあります。

当時のケーブルテレビの営業というのは、一軒一軒訪問して、ケーブルテレビの加入契約を取ってくる仕事です。一般宅に飛び込みで行くので、営業の中でもハードな部類に入るのではないかと思います。

私は多くの営業担当者に同行し、その仕事ぶりを見てきたのですが、なかなか契約の取れない営業担当者は、やり方がみなほぼ同じでした。

まず、顧客宅を訪問すると、パンフレットを渡して、「ケーブルテレビ、いかがですか？」と言います。そう聞かれれば、答えは「イエス」か「ノー」しかありません。ですから、ほとんどその場で「ノー」と言われてしまうのです。


世の中では、国民みんなが使っているという化け物のようなごくごく一部の商品を除いて、**ヒット商品と言われるものでも99パーセントの顧客には必要とされていない**と考えておいたほうがいいでしょう。


たとえば、書籍でミリオンセラー（100万部）というと、ものすごいヒット作のように思われますが、本を読むことができる日本人をざっくり1億人と仮定すれば、そのうちの1パーセントの読者しかお金を出しては買っていないわけです。

その1パーセントの顧客にしか必要とされていないことを自覚し、その潜在顧客層にきちんとターゲットを定めてアプローチできるのがデキる営業です。

さらに世の中には、数え切れないほどの「商品」があふれていますが、顧客にと

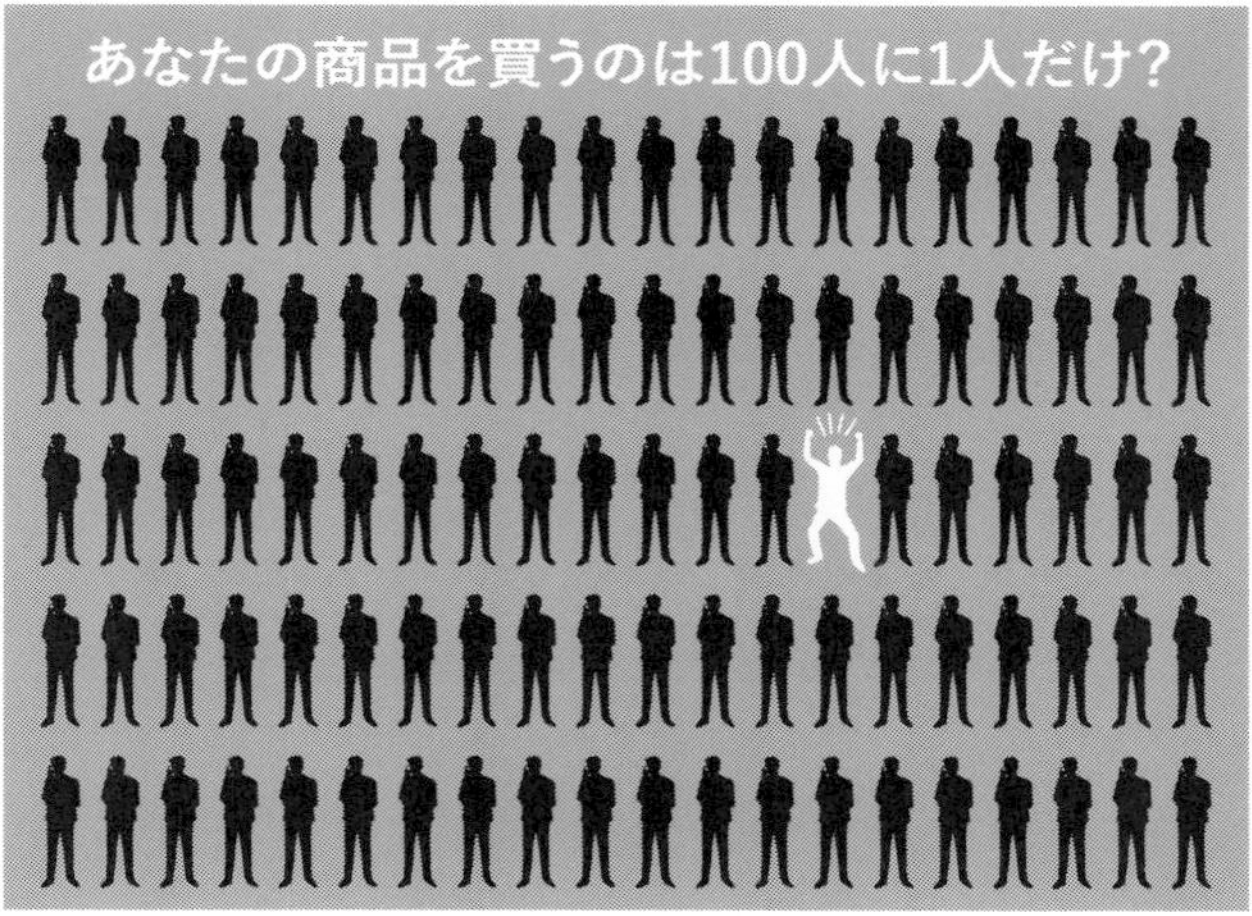
あなたの商品を買うのは100人に1人だけ？

って、世にある商品の99パーセントはいらないものと考えておけばいいでしょう。

欲しいものは1パーセントくらいはありますが、顧客は自分がそれを欲しいと思っていることに、気づいていなかったりします。

その顧客の心の中の1パーセントの潜在的需要を顕在化できるのが、デキる営業です。

顧客は、営業の話を聞くより、自分の話をしたい

当時、J：COMでトップセールスだった営業マンは、顧客宅を訪問

しても、ケーブルテレビの話をすぐには出しませんでした。

まずは家の中の様子をさりげなく見回して、釣りの雑誌や釣り竿が並んでいるのを見つけると、「釣りがお好きなんですね」と趣味の話題を持ち出して、相手の様子を見ます。相手が会話に乗ってきたら、「ケーブルテレビには、24時間釣り番組を放送しているチャンネルがあるんですよ」と初めて商品の話を出すのです。

この顧客は、それまで「自分は釣りの有料チャンネルが観たいのだ」ということには気づいていませんでした。けれども、その情報を教えてもらったら、観たいと思ったはずです。この営業マンは、顧客の潜在的ニーズに気づき、引き出すことに成功したわけです。

釣りに限らず、その営業マンは雑談の名手で、映画や海外ドラマ、海外サッカーをはじめとしたスポーツの話まで顧客の趣味・嗜好《しこう》を引き出して、「それなら、こんな番組が観られますよ」と話を切り出して成約につなげていくのです。

この「雑談力」ともいうべき例の話をすると、多くの営業担当者の方は、「自分はそれほど知識が幅広くないから難しい」と考えてしまうのですが、まったく心配は必要ありません。

もちろん、釣りにしろ、映画にしろ、サッカーにしろ、会話の糸口となるようなごく基本的な知識は勉強しておく努力が必要ですが、いざ話が始まってしまったら、とにかく相手の話を感心しながら聞けばいいわけです。

皆さんも心あたりがあるでしょうが、**人は相手の話を聞くよりも、自分の話をすることを好む**生き物です。会話をしていて、不快に感じるのは、こちらが何か話をしても、それに対する反応を示さず、「自分話」に強引に持ち込んでしまう人です。

逆に、話をしていて気分がいい人というのは、こちらの話をしっかり聞いてくれ、興味を示し、さらにこちらに話をさせてくれるように質問などで話題を膨《ふく》らませてくれます。

私が知る限り、**優秀な営業担当者は例外なく、自分が話す代わりに顧客の話をよく聞きます。**売れない人ほど、しつこくセールストークをしてしまうのです。

顧客に話してもらって、何を求めているのかを引き出すこと。それが、営業担当者にとってもっとも大切なスキル、というより心構えだと思います。

「マーケティング」を営業されたマーケター

私はマーケティングのコンサルティング会社を経営していて、ネット上に会社のホームページもあります。プロフィールの欄には、拙著の紹介や、現在大学で学生にマーケティングを教えていることなども記載しています。

そんな私のところに、とあるウェブのマーケティング会社から、こんな営業電話がかかってきました。

「御社のホームページ、大丈夫ですか？　ネットでもっと集客アップしませんか？」

長年、マーケティングを生業《なりわい》にしてきて、SNSなどを使ってマーケティングを実践してきた私からすると、「うーん」という感じの電話ではあるのですが、そこはぐっと堪《こら》えて、こう尋ねました。

「弊社のビジネスをご存じですか？」

すると、先方の担当者、少々慌てた様子でこう答えます。

「あ、ちょっと待ってください。今見ますから。あ、コンサルタントやってらっしやるんですね。ＳＥＯ対策、できてますか？」

ＳＥＯ対策とは、「Search Engine Optimization」のことで、日本語では「検索エンジン最適化」と訳されています。グーグルなどの検索エンジンに対して、自分のホームページが理解されやすくなるように最適化することです。

一般的に、ＳＥＯ対策を行うと検索結果の表示順位が上がります。そうすると、多くの人に見てもらえる可能性が高くなるので、ホームページによる集客がアップする可能性も高くなる、というわけです。

このＳＥＯ対策、私自身が私のクライアントに対して提供しているものです。マーケティング・コンサルティングの会社で、ＳＥＯ対策を施していないわけがありません。

そこで、少し意地が悪いかなと思いつつも、相手にどれくらいの知識があるのかを聞きたくなり、ウェブ・マーケティングに関する質問をちょっと突っ込んでしてみたら、すぐにしどろもどろになってしまい、早々に向こうから電話を切ってしまいました。

そもそも、**相手がどんな会社を営んでいて、どんな人なのかを調べていない時点で、ターゲティング戦略として落第**かなと思います。

でも、もしこの電話をかける前に、ほんの少し準備をして、この顧客は何を求めているのか、その潜在的ニーズを探る努力をしていたら、結果は違ったはずです。

たとえば、こんな感じです。

「御社はマーケティング・コンサルタントの会社でいらっしゃいますよね。さすが、素晴らしいホームページですね。でも、一点だけ、直されたらどうかと思うところがありまして……」

こう切り出されたら、私も「えっ、何？　ちょっと聞かせて」となるはずです。

電話をかけてきたのは、もしかしたらアルバイトの方だったかもしれません。いずれにしても、こういう「上からやれと言われたからやっています」というような「やらされ仕事」「売らされ仕事」をやっていて、売れるはずがありません。

大切なので、何度でも言いますが、基本的に顧客は「売られたくない」のです。

「売られたくない」人に、「売らされ仕事」をやっていて売れるはずがないことは、火を見るよりも明らかです。

システムの話をする前に、納期の話から切り出す

顧客がその商品やサービスに何を求めているのか、それを理解しようとしない、汲《く》み取《と》ろうとしない人は、意外と多くいるものです。

たとえば、社運をかけて大型の新システムを導入した会社があったとします。上司から、「うちの新しいシステムをアピールしてたくさん注文を取ってこい！」と言われた営業担当者が、顧客に営業に行った場合、よくやってしまうのが、その新システムがいかにすごいのか、スペックをくどくどと説明することです。

「今回、わが社は○○会社と共同開発した△△という画期的な技術を導入しまして、最新の□□システムが可能になりました」

この営業トーク、売る側の自己満足以外の何ものでもありません。顧客が知りたいのは、その会社に仕事を依頼することによるメリットです。

情報として伝えてほしいのは、納期の短縮であったり、品質の良さだったり、価格の低減だったりするわけです。極端に言えば、その要望さえきちんと叶えてくれ

るのならば、相手の会社がどんなシステムを使おうと知ったことではないのです。「お忙しそうですね。うちなら納期を大幅短縮できますよ。今度新しいシステムを入れたので」

まずは先にメリットを伝えて顧客の反応を見る。そして、興味を持ってもらえたら、そこで初めてパンフレットを出すわけです。

IT関係の営業担当者と話をすると、あえて難しいシステムの話をすることによって、顧客を煙に巻くという戦術を使うケースにもしばしば遭遇しますが、それで契約が取れるかというと、なかなか難しいというのが実情です。

ここで少しマーケティング的な説明をすると、商品やサービスには、すべて「**機能的価値**」と「**情緒的価値**」の2つの側面があります。機能的価値とはパンフレットに載っている性能やスペックのことであり、情緒的価値とはその商品やサービスを使うことで得られる効用や満足感といったものです。

たとえば、4Kテレビにたとえるならば、フルハイビジョンの4倍もの画素で精緻な画質を再現できる点、これが機能的価値になります。これに対して、「まるで現場でスポーツを観戦しているようだ」「あたかも最新の映画館にいるようだ」などと言い表すと、これは情緒的価値ということになります。

顧客が商品やサービスを選ぶときに、まず関心を寄せるのは情緒的価値です。ですから、新システムを使ったら顧客はどんな情緒的価値を実感できるのか、まずはそこのところをアピールしなければいけないわけです。

「売れた」はスタート、大切なのは「その後」だ

顧客がとても知りたいこととは、「その商品やサービスを買ったあと、どうなるのか」ということです。営業担当者の中には買ってもらうのがゴールと勘違いしている人がいます。けれども顧客にしてみれば買ってからがスタートです。

私はあるブティックを経営している方のブログをよくチェックしています。その経営者の方が日々の学びをコラムにしてアップしているのですが、その中に、顧客

に対するセールストークについて書かれたものがありました。

かれこれもう2年ほど店に立ち寄ってくれる顧客がいたのですが、その人はこれまで一度も商品を購入したことがありませんでした。

「よろしければご試着もできますよ」「色違いもございます」といった一般的な売り文句で接客していても、まったくの効果なし。

そこで、どうしたらあの顧客に買ってもらえるのだろうと考えたときに、その洋服を買ったらどうなるのか、想像力が膨らむようなセールストークをしたらどうかと思いつきました。

そこで、こんな話をしたのです。

「このスーツは少し色が派手ですが、女性の多いパーティーに着ていくと映《は》えますよ」

つまり顧客に具体的なイメージが浮かぶようなトークをしてみたのです。それが功を奏し、その人は初めてその店で洋服を買ってくれて、その後もリピーターとなってくれたのだそうです。

皆さんも経験があると思いますが、ブティックなどで洋服を選んでいるとき、店員から声をかけられると、なぜか煩《わずら》わしく感じます。

「ご試着なさってください」「別のサイズもございます」といった**「売り込もう」とする紋切り型の接客では、顧客の心は引いてしまう**というわけです。

声をかけるまでは、誰も話しかけられたくない

ここでも、顧客というのはわがままな生き物ですから、たとえばお店で商品を物色しているときには、誰からも声をかけられず「放っておいてほしい」というのが本音です。

一方で、「色違いはあるのだろうか」「サイズはあるのだろうか」など疑問点が浮かんだら、すぐに対応してほしいと思っています。

このあたり、顧客は自分から声をかけるまでは、誰からも話しかけられたくない一方で、対応はすぐにしてほしいのですから、接客業というのはつくづく難しい仕事だと思います。

私の知り合いに、ラグジュアリー・ブランドのお店で販売員をしている方がいるのですが、彼は、顧客が店に入ってきたときに、「いらっしゃいませ」とは言わずに「こんにちは」と言うのだそうです。「いらっしゃいませ」は、その言葉自体がもう「売り込んでいる」ことになるので、「こんにちは」と挨拶するわけです。

今は、ネットで探せば同じ商品が安く売られている場合がありますから、顧客は実店舗では商品の品定めをするだけで、ネットで探して買ってしまう、いわゆるショールーミングをされる場合もあります。

店舗の強みは、顧客と直接的にコミュニケーションがとれるということです。丁寧な接客を心掛けることはもちろんですが、顧客の立場になって、その商品を買ったらどうなるのか、そのイメージが具体的に描けるような、顧客の買い物が楽しくなるようなセールストークが必要です。

あえて他社商品も勧める優秀な営業

私は、中小企業経営者や個人事業主の方に向けて、「マーケティング寺子屋」という講座を毎年開催しているのですが、その塾生さんに、外資系生命保険の営業ウーマンがいます。

彼女は、その会社の全世界でトップ5パーセント以内に入るような成績をあげているスーパーな存在です。数年のお付き合いになりますが、これまで私も他の塾生さんも、彼女から一度も保険を売り込まれたことがありません。

「どうしてそんなに契約が取れるの?」と以前彼女に尋ねたところ、**「たぶん売り込まないからじゃないですかね」**という答えが返ってきました。

彼女は企業経営者からの信頼が厚く、その会社の社員の保険についてよく相談を受けるそうなのですが、その際、他社商品のほうがその会社の社員には合っていると思ったら、**迷わず他社商品を勧める**のだそうです。躊躇《ちゅうちょ》なく顧客の利益になるほうを選択するわけです。

顧客に喜んでもらえるのであれば、競合商品であっても勧める。これは、一見、非合理的な行為のような気がします。

保険商品は、どこの会社のものでも商品のラインナップに、それほど大きな差があるわけではありません。大した違いがないのであれば、「親身になって自分の利益を最優先に考えてくれる人のところで頼もう」と思う人もいるはずです。顧客の立場で考えてみれば、これは至極当然のことです。

彼女のアドバイス通りに、競合の商品を選ぶ人もいるでしょう。けれども、彼女の人柄を気に入り、彼女の会社の商品を選んだ顧客もたくさんいるはずです。

さまざまなメニューを提示された顧客は、他社商品を含めたラインナップから、「自分で選んで買った」という意識が働くので、納得感、満足感が違います。

これは、彼女が決して売り込まないという姿勢を貫いているからこそなせることです。その姿勢が信頼感につながって、彼女をトップセールスウーマンにしているわけです。

顧客からの信頼を得たいなら、顧客を知る努力を続けること

顧客を前にして「どうやって売ろうか」と考える。これは売り手目線の考え方です。「お客様の役に立ちたい」「喜んでもらいたい」という姿勢を日ごろから持って

いたら、こういう考え方にはならないはずです。

もし、成果が上がらず、自分のどこが悪いのかがわからなくて悩んでいる人がいたとしたら、自分の顧客との接し方を、顧客の立場になって俯瞰して考えれば、すぐにわかるのではないかと思います。

営業を仕事にしている人でも、店舗での接客を担当している人でも、いったん仕事を離れれば、自分が「顧客」になるわけです。そういう意味では、「顧客の気持ち」を想像するのは、それほど難しいことではありません。

そして、**顧客から信頼を得たいと思ったら、顧客のことを知る努力を続けること**です。常にアンテナを張って、顧客のためになる情報を収集する。それを日常的な習慣にしてしまうのです。

顧客はわがままな生き物です。

けれども、そんなわがままな顧客と信頼関係を築くことができたなら、これぞ営業冥利《みょうり》につきる、ということではないでしょうか。

第2章

ノンアルコールビールを飲んでいるのは誰?

「自分だけが提供できる価値」を知る

プロローグでもお伝えしましたが、この本の目指すところは、すべての企業にとって重要な営業という現場にマーケティング的思考法を取り入れてもらい、成果をあげてもらおう、というものです。

根性だけで力任せに営業したとしても、ある程度の結果は出せます。けれども、マーケティングの知恵を使って、効率的に営業活動をすれば、無駄なことをしないぶん、顧客から信頼を得ることや良好な関係を築くことにさらに注力することができます。

では、具体的にどんなことをしていけばよいのでしょうか。

「❶知る」「❷超える」「❸動く」という3つの柱で考えていきます。

まずは、「知る」です。何を知るのかというと、自社、他社、業界、自分、顧客などさまざまな位相の現状について把握することが大切になります。

これを突き詰めていくと、**「自分だけが提供できる価値が何なのか」**を知ることです。

大手企業で新商品を発売する場合、どこでもある程度はマーケティング戦略を練ることになります。

それは会社によって、全社的なマーケティング部門、あるいは事業部の中のマーケティング担当、あるいは営業本部、営業部の中で販売戦略などを立案する部門など、組織形態はさまざまでしょう。

いずれにしろ、こうした部門は**「どうしたら顧客が買いたくなるか」**という視点から、製品戦略やターゲット戦略、プロモーション戦略を練っていきます。

そもそも、本社内にあるマーケティング戦略の立案部門が現場感覚のない作戦を立ててしまう、ひどい場合だときちんと筋の通ったマーケティング戦略を立てる機能が備わっていないというケースもあるのですが（結構、多いと思います）、ここではひとまずその問題は置いておきます。

マーケティング戦略では、商品を売るときにきちんと理論武装できるように、さまざまなデータを揃《そろ》え、顧客に響くセールストークのポイントなども考えます。

さらに、それらの戦略ツールを営業の担当者に同じように渡します。つまり、個々の営業担当者が会社から支給される武器は、全員同じだということです。

けれども、同じ武器を使っているはずなのに、日を追うごとに、人により結果に差が出てしまいます。なぜ営業の成果に差が生じるのでしょうか。

まずその時点で、俯瞰して作られるマーケティング戦略は万能ではない、ということが理解できます。

売れる人、売れない人の違いは何か

マーケターである私がこんなことを書くのもなんですが、マーケティング戦略は、もちろんそのまま実践されることを目指して策定されるものですが、こと営業に関しては、現場の営業担当者によるチューニングが必要になるケースが数多くあります。

たとえば、ターゲットユーザーについても、もともとマーケティング戦略を立案

「本社」の製作する販促物が使えないのはなぜ？
こうでなくっちゃ
営業部・作
手頃なサイズ
これ、どこに置いてもらうの…
等身大パネル
マーケティング部・作

するうえで想定されている顧客層と、実際に商品を購入する層に微妙な違いが生じることがあり、その違いは現場の営業からの情報に頼らなければ認識・修正ができません。

　さらに、戦略が販売促進のために用意したツール（メッセージ、インセンティブなど）は、すべてのターゲット顧客にそのまま通用するわけでもなく、個々の顧客と直に対面する営業担当者が、何が効くのか、何が効かないのかの判断をする必要があります。

　だから、同じ戦略に則っていても、営業担当者によって成果に違いが出るのは、当たり前です。

担当顧客・担当地区の違いなどによって売りやすさ、売りにくさの違いが生じるといった、誰にでも推察できる理由を除いても、**売れる営業担当者は、商品に自分独自の価値をプラスして提供している**ので、成果に違いが出ている面があるのです。

しばしば、成果の出ない営業担当者は、「自分が担当する顧客は難敵だから」「自分の担当エリアは競合が強いから」と話しますが、そういう難しい状況にエースを投入したら、あっという間に契約をひっくり返したというケースもあります。

それこそが、マーケティング戦略の担当者には手も足も出ない、現場の「営業担当者の実力」に左右される側面なのです。そして、私の知る限り、優秀で実力のある営業担当者は、例外なく「自分だけが提供できる価値」を認識し、それを顧客にきちんと提供しています。

では、自分だけが提供できる独自の価値とは何なのでしょうか。それを知るには、まずは現在自分の置かれている状況を分析し、しっかりと把握することが第一歩になります。

「売れない商品」を売れと言われても困る

「自分だけが提供できる価値」を知るためには、まずは現状をしっかり分析すること。では、何を分析するのか（もっとも大事な顧客は前章で考えました）。分析するのはシンプルに、❶**商品やサービス**、❷**会社**、❸**自分自身**、この3つです。

まず、❶商品やサービスについて考えていきましょう。

たいていの営業担当者は、売るものが会社によって決められています。会社の業態や規模によっても違いはありますが、多くの場合、営業部単位、あるいはグループ単位で、売るものが一律に決められているはずです。

単品の商品を1人の顧客なのか、多様な商品を多様な顧客なのか、それぞれに事情は違いますが、まず押さえておくべきは、次の点です。

自分が営業する商品（サービス）は、どんなもので、どんな価値があるのか。

スタート地点はごく当たり前のポイントになります。このポイントを押さえるのは営業担当者の基本中の基本とも言うべきものですが、実行できていない人が結構います。

そんな人が実際にいるのか、と疑問に思われるかもしれません。そこで、先ほどご説明した機能的価値と情緒的価値を思い出してみてください。

新製品を発売する、ということになれば、既存商品に比べて何が違うのか、その差異を明らかにすることも重要なポイントになります。

たとえば、デジタルカメラであれば、レンズの性能がどう違うのか、画素数はどれだけ増えたのか、といった機能的価値の違いが「パンフレット的」に明示されることになります。

これは、営業担当者にとってたいへんわかりやすいセールスポイントになりますから、パンフレット的な差異を頭にたたき込んで、家電量販店をはじめとした流通に提示することになるわけです。

ところが顧客にとっては、スペックが進化したことによって、どういう情緒的価値の向上があるのか、だけが重要です。

極端な話をすれば、画素数が向上したといっても、素人目に写した写真の見栄えにそう違いがなければ、型落ちして販売価格が下がった旧型の商品で一向に差《さ》し支《つか》えない、ということになるのです。

このあたり、マーケティング戦略を立案する側も重々承知していますから、「ほら、こんなに綺麗《きれい》に写るんですよ」とか、「こんなこともできるんですよ」といった、情緒的価値をアピールするための資料やメッセージをせっせと作り込むのですが、どうも後付け感が否めません。

本当に意味のある情緒的価値が作り込めないから、最後にお金を出してくれる顧客としての最終ユーザーに響きません。

なぜ、こんなことが起こるかというと、「季節ごとに新商品を投入しなければいけない」、そして「無理にでも旧型より優れたポイントを示さないといけない」など、会社側（売り手）の事情があるからです。

こういう売り手の事情による新商品が発売されると、販売の現場ではこんなことが起こります。

「このデジカメの新商品、旧商品に比べて2万円高いんだけれど、どこが違うんですか?」

「そうですね、画素数とか、シャッタースピードは違いがないんですけど、新商品はケーブルでつなげなくても、写真をパソコンに飛ばせるんです。すごく便利ですよ!」

「ああ、それだけだったら、旧商品でいいかも」


もちろん、こうした問題が起こる本質的な責任は商品企画そのものにあります。顧客一人ひとりの顔を見ることができない「本社」が、情緒的価値を詰め切れないままに新商品を開発し、それを売れと言われても、どうすればいいのだ、という気持ちを営業が抱くのも無理はありません。

カメラを使わないカメラの営業はあり得ない

一方で、営業側にもまったく問題がないかというと、そんなことはないのが難しいところです。

まず、そもそも「本社」がなぜ情緒的価値、つまり顧客が求める本質的ニーズに合致しない商品を開発してしまうのか。

先にもご説明したように、販売の現場で顧客の生の声を吸い上げることは、営業にしかできません。どのような需要があるのかを探るため、マーケティング・リサーチのような手段もあるにはあるのですが、あくまで調査は調査。顧客の「本音」を探るのはとても難しいものです。

そこで、営業から「**こんな商品を作ればニーズがありますよ**」という現場の生の情報を商品企画、開発、マーケティングなどにフィードバックする必要があるのですが、なかなか有効な情報が上がってこないケースも少なくありません。

営業の生の声をフィードバックさせて商品開発につなげる仕組みそのものがない、

という制度的問題を抱えている会社もありますが、営業が「顧客の本音の需要」を突き詰めて考えていない場合も結構あります。

それどころか、「他社の○○は売れている、うちでもあいう商品を作ってくれ」とか、「ちょっとでも新しい『機能』をつけた新商品を開発してくれ、そこをアピールするから」など、情緒的価値を意識しない「営業的要請」によって、市場に必要とされない商品が生み出されることもあります。

さらに、営業の場合、決められた商品を販売するのが仕事になりますが、自社の商品が顧客にどんな価値を提供できるのか、その情緒的価値をしっかり把握していない、というケースも見られます。

他人に商品を買ってもらうのですから、**営業は、誰よりも商品の価値を把握しておかなければなりません**。

世の中には、商品の機能的価値についてすら勉強不足で、顧客よりも理解が浅いという、とても不誠実な営業担当者もしばしば見られますが（これは論外ですね）、情緒的価値を「自分事」として認識できていない人になると、これはもうたくさんいます。

　ここで、情緒的価値を考えるのは「本社の仕事」ではないか、というのはありがちな誤解で、同じ商品でも、顧客によってどのような効用を得られるのかは大きく違います。

　ですから、営業は自分が担当する顧客の視点に立って情緒的価値にはどんなものがあるのかを追究しなければなりません。

　優秀な営業担当者の方々は、このポイントを絶対に外すことがなく、いつだって顧客の立場でものを考えられるわけです。

　たとえば、カメラの営業をしているのであれば、自らがカメラファン、写

真ファンの立場にできる限り寄り添わなければならないのです。

ノンアルコールビールは、妊娠中の女性が飲んでいた

さらに営業がやるべき仕事は、顧客が自社の商品をどのように使っているかを正確につかみ、フィードバックすることです。

新商品を発売したら、企業側が想定していなかった顧客が買っていた、あるいは、企業側が想定していなかった使い方をしていた、ということはままあります。

たとえば、ノンアルコールビールです。酒造メーカーは、開発当初、「運転のためにビールを我慢せざるを得ない人」をターゲットにしていたのですが、実際には、妊娠中の女性や医者からビールを禁じられている人、つまり、「運転」とは関係ない人にもよく売れていたのです。

また、古い例にはポケベルがあります。企業はビジネス用に開発したはずが、実際に使ったのは女子高生で、数字を文字化してメッセージを送るなど、その使い方は独自の進化を遂げました。

このように、「そういう使い方があったのか！」というものを積極的に取り入れていこう、という概念、つまり作り手が本来考えていた使い方とは違う使い方を、使う人が考え出すことを**ユーザーイノベーション**と言います。

ユーザーイノベーションが起きているかどうか、それに最初に気づけるのは、顧客との接点にいる営業です。もし「異変」に気づいたら、それをすぐに会社にフィードバックする必要があります。想定外だった市場をいち早く押さえることができれば、市場拡大を狙《ねら》えるからです。

商品開発のときに、最初からすべてのユーザーを想定できれば理想的ですが、それは現実には難しいことです。

実際に世に出てみて、当初の自社の狙いとは違った価値が生じていることに気づけるのが、最前線にいる営業です。そういうことも営業の仕事の醍醐味《だいごみ》ではないでしょうか。

クリーニング店のライバルは電機メーカー

いかがでしょう。商品の価値をしっかり理解する。まずその基本を押さえたうえで、一律に決められた商品を売るときには、いかに自分なりの付加価値をつけて商品を提供できるか。それが、成果をあげられるかどうかの分かれ目になります。

そして、その価値を見つけるためには、自社の商品やサービス、それから自分の会社（❷会社）についても、とことん知っておく必要があります。

このとき押さえておくべきポイントは2つです。ひとつは、競合（ライバル）との「**違い**」、もうひとつは、自分たちの「**強み**」です。

競合との違いを見つけて分析することで、自分たちの優れた点、独自の強みを浮き彫りにすることができるのです。

では、競合との違いを見つける方法について考えてみましょう。

競合は、同業他社だけとは限りません。どこまで視点を広げるかによって競合の捉え方は変わってきます。

「顧客が感じる価値」を余暇の満足という視点で考えると、高級オーディオ機器のような娯楽性の高い贅沢《ぜいたく》品は、ひょっとして海外旅行が競合になるかもしれません。あるいは、クリーニング店は、洗濯機やアイロンを作る電機メーカーが競合になることもあるでしょう。

視点を広げすぎても狭めすぎてもいけませんが、「顧客に同じような結果、同じような価値をもたらすもの」という視点をベースに考えていきます。

競合には、大きく分けて、**「直接競合」「間接競合」「代替品」**の3つの種類があります。

スターバックスを例に見てみましょう。

「コーヒーを提供する」という視点から考えると、直接競合には、タリーズやドトールといったチェーン系カフェが当てはまります。間接競合は、チェーン系カフェではないけれども、コーヒーが飲める店、たとえばマクドナルドなどのファストフード店、または街の喫茶店などです。代替品は、缶コーヒーやコンビニのコーヒーなどが当てはまります。

コーヒーを分析すると、違いがわかる人になれる

競合との違いを考えるときは、差異点と同時に類似点も一緒にリストアップしていきます。そうすると、差異点がより際立ってわかるようになるからです。

差異点とは、言うまでもないことですが、その商品やサービス、会社に特有な価値、競合にはない「売り」のポイントのことです。類似点とは、その商品やサービス、会社にとって必ずしもユニークである必要はなく、むしろ競合と共有しているポイントのことです。

マーケティングでは、差異点のことを「Point of Difference」の頭文字をとってPOD、同じく類似点を、「Point of Parity」の頭文字をとってPOPといいます。

POD、POPを考えるときに大切なのが、ここでも「顧客の価値」という視点から考える、ということです。

では、もう一度、スターバックスを例に考えてみましょう。

直接競合のドトール、間接競合の街の喫茶店、代替品のコンビニのコーヒー、この3つと比べたときのＰＯＰ、ＰＯＤを見ていきます。

まず、ドトールとスタバとのＰＯＰ（類似点）は、便利なこと、価格がリーズナブルなことです。ＰＯＤ（差異点）は、スタバは、全店禁煙でゆっくりくつろげる、サービスの質が高い、価格の割にコーヒーが本格的、といったことになるかと思います。

次に、街の喫茶店です。ＰＯＰは、サービスの質が高いこと、ゆっくりくつろげること。ＰＯＤは、スタバは便利で手軽、価格が安いということになります。

最後に、コンビニのコーヒーです。ＰＯＰは、便利で安いことです。ＰＯＤは、スタバは飲むスペースがあること、商品のメニューが豊富なこと、といったところでしょうか。

そうすると、スタバのＰＯＰ、ＰＯＤは、「他のチェーン系カフェやファストフード店、コンビニコーヒーと同じように便利で手軽、低価格であるけれども、街の喫茶店のようにコーヒーが本格的でメニューが豊富、ゆっくりくつろげる空間があり、サービスの質が高い」ということになります。

こんなふうに自分の売っている商品やサービスについて、競合、POD、POPを洗い出してみてください。

「顧客に同じような価値を提供できるもの」という視点で間接競合や代替品を考えてみたら、これまで認識していなかったものが実は競合だった、ということがあるかもしれません。

あるいは、競合とのPOPを書き出していったら、これまで自分たちが気づいていなかったPOD、つまりは自社の商品の強みが見つかることがあるかもしれません。強みがわかれば、それを顧客に提供できる独自の価値につなげていくことができるのです。

「違い」だけでは不十分、では何を分析する？

ここでご紹介したのは、あくまで説明のしやすい、最終ユーザーに直接価値を与えるPODとPOPですが、BtoBの商品であっても、もちろん考えられます。というか、考えなくてはなりません。

系列企業で部品等の供給関係が固まっていて、そもそも競合がないなど、特殊な状況もあるでしょうが、そういうレアなケースを除けば、ビジネスにはいつだって競争がついてまわります。

この厳しい競争に挑む際、ＰＯＤやＰＯＰの分析は本社だけに任せてはいられません。

長期的に安定的な取引関係を結べている、新規に契約を交わすことができた、競合から顧客を奪おうとしているなど、ケースによって状況はさまざまでしょうが、その「状況」がどんな要因によって形作られているのかを分析するために、自社と競合との類似点、差異点を洗い出すことは、ぜひやっておきたい作業です。

ＰＯＤとＰＯＰが自分なりに認識できれば、顧客への具体的アプローチの仕方にも参考にすることができます。競合との「違い」でどこを押すべきか、どこを補うべきかがおのずと明らかになるからです。

そして「違い」を戦略ポイントにしていくためには、それを「強み」や「弱み」としても分析する必要があります。

この点についても、営業の現場で使える分析手法がありますので、次から詳しく解説していきましょう。

うちは何ができて、何ができないのだろう？

会社や商品を分析する方法として、マーケティングの世界でよく使われるものに、「ＳＷＯＴ分析」があります。一般的には、会社全体の戦略部門などが行いますが、これを営業部、あるいは営業担当者レベルで実践してもとても意味があります。

ＳＷＯＴとは、強み（Strength）、弱み（Weakness）、機会（Opportunity）、脅威（Threat）の頭文字をとったものです。

マーケティング戦略を考えるときは、自社の内部環境の分析と、自社を取り巻く外部環境の分析が不可欠ですが、ＳＷＯＴ分析は、そのための考え方と手法を体系化したものです。

内部環境とは、読んで字のごとく自社の内部の環境のことです。いわゆる経営資源と呼ばれるもので、自社が持っているヒト、モノ、カネ、情報を指します。この中から、自社の「強み」「弱み」を見つけていきます。

外部環境とは、自社を取り巻く環境のことです。経済や政治、法規制や社会の変化など、自社でコントロールすることができないものです。外部環境の中から、自社に追い風になるものを「機会」、反対に、逆風になるものを「脅威」と捉えていきます。

SWOT分析は、これらを2×2のマトリックスにすることで、視覚的に情報を整理することができます。

ある規模の小さい印刷会社を例にとってみると、次のようなSWOT分析が考えられます。

■**内部環境**

強み――デザインから印刷まで一貫生産できる。営業と現場の連携がよく、こまめな対応が可能

弱み――印刷能力に限界があり大ロットを受注できない。印刷以外の仕事が請け負えない

■外部環境

機会――ネットでの印刷受注市場の成長。多品種少量生産への移行

脅威――ネット広告の広がりなど印刷物の需要の減少

このように、強み、弱み、機会、脅威という4つの視点から、自社が今どのような状態にあるのか、客観的な事実を洗い出していきます。

強みを活かし、弱みを克服するにはどうしたらいいのか。あるいは、脅威を取り去りながら機会を利用するにはどうしたらいいのかを考えていくわけです。

「やらせてください！」が見放される原因

自分の強み弱みを知ると同時に、競合の強み弱みも認識しておく必要があります。

たとえば、SWOT分析でも例に出した規模の小さい印刷会社があったとします。仮に名前を理央印刷とします。

理央印刷が営業先である流通業A社でアピールしている強みをさらに掘り下げる

と、下請けに出さずに自社ですべて行うので、色味の調整などきめ細かな対応ができること、また、校正がしっかりしていて誤字の少ない完成品が作れること、などだとします。

一方、同じA社に出入りしている競合、大手B印刷の強みは、大口の受注ができること、価格にスケールメリットが出せること、さらに印刷以外の販促物の製作が可能なことなどです。

理央印刷の担当者が営業に行ったとき、担当者から「今度、うちで新しいキャンペーンをやるんだけど、チラシだけでなく、ノベルティグッズもまとめてお願いできる?」と聞かれたとします。

理央印刷は、現状では印刷以外の仕事を行っていないため、包括的な受注は難しい状態です。けれども、大口の受注になりそうで、自分の成績も上がりますから、できることならやりたいところ。

一方で、「経験はないけれど、アウトソーシングすれば対応できるかもしれない」と考えて**無理矢理に受注しても、**

結局、顧客の要望に対応できなくなるかもしれません。

もし簡単に引き受けておいて、顧客に迷惑をかければ、二度とこのA社は理央印刷を使ってくれなくなるでしょう。

こういう場合、チラシの印刷だけで受注できないようであれば、「ぜひやらせてください！」と頼み込むよりも、涙をのんで、「今回は他社にお願いされたほうがいいかもしれません」と、自分から顧客に競合を勧めるほうがいいかもしれません。

自分の弱みを素直に認めて、顧客に合うものであれば競合のものでも勧める。

そうしていれば、結果的には、「必要なことをちゃんと言ってくれる人だ」と信頼を得ることにつながっていく場合もあるでしょう。

ただし、先方から大口の発注話が舞い込むなどそうそうありませんから、簡単にあきらめるのは得策ではありません。

では、どうするのか。そこにＰＯＤ、ＰＯＰ分析とＳＷＯＴ分析を統合していくことの妙味があるのです。

A社の担当者は、店の売り上げがアップすればいい

自社の強みについては、機会を最大限に利用して、さらに大きく伸ばしていく。そうすることが大事なのは誰にでもわかります。

問題は、弱みです。弱点をどうするのかを考える。このとき、**弱みを強みに転換する**ことを常に意識することが重要です。

弱みは、裏を返せば強みになるものがあります。人間の長所と短所が表裏一体なのと同じです。「騒々しい人」が、視点を変えれば、「明るく楽しい人」と捉えられるわけです。

理央印刷は、規模が小さくてスケールメリットを追えないこと、印刷専業でその他の業務を請け負えないのが弱みでした。

けれども、規模が小さいぶん、営業と現場の距離が近いので、多少価格は高くなるものの、顧客の細かな要請にきめ細かに応え、高品質の仕上がりにすることがで

きます。

この前提を踏まえたうえで、先ほどの「キャンペーンを企画している」というA社からの発注打診の話があった場合、**どうすれば自社でも役に立てるかをとことん考えます**。

仮に、A社の発注窓口の人が、たんに上からの指示でチラシとノベルティグッズの作成を担当している場合は、理央印刷の営業担当者は他社を推薦するのもある意味、合理的かもしれません。

でも、もし発注窓口がキャンペーンの企画立案に直接的、間接的にでも携わっている場合は、話が変わってきます。

流通業であるA社がなぜ販売キャンペーンを企画し、販促物を作成しようとするのか。ねらいは簡単です。店頭での売り上げを向上させたいからです。これがA社にとっての価値です。

であれば、販促物は手段でしかありません。

A社の発注窓口から、「チラシとノベルティグッズをお願いできる？」と聞かれた場合、無理を承知で受注するのは最悪、そして、すぐに「うちでは無理です」と断って、他社を推薦してしまうのも不合格。

この場合、先方がどんなキャンペーンを展開しようとしているのか、しっかり話を聞き、ノベルティグッズ以外に、理央印刷でA社の店頭売り上げ向上に、何か役立てることはないかを真剣に考えます。

そのうえで、たとえば色味の再現能力や高級感のあるデザインという理央印刷の強みを活かして、「チラシに加えて、すごく鮮やかなポスターなんていかがでしょうか」と逆提案ができれば、道が開けるかもしれません。

もちろん、理央印刷とA社との関係性、先方の窓口の人柄、自分と相手との信頼関係など、さまざまな要素の違いによって、逆提案をすると、「こちらで決めたことに口出しをするな」と言われたりするリスクがあるかもしれません。

それでも、どうすれば相手に価値を与えられるのか、その方法を考えるうえで、自社と他社の違い、自社の強みと弱みを把握しておくことは非常に大切なことに変わりはないのです。

自分自身を知るのは、3つのCから

買ってもらうための最初のステップ、「❶知る」。最後に考えるのは、❸自分自身です。

ここでまたマーケティングでよく使われるフレームワークをひとつご紹介したいと思います。分析ツールとして広く使われている、3C分析というものです。3つのC、**自社（Company）、競合（Competitor）、顧客（Customer）、それぞれの情報を整理する**ことで、自社の強みと弱みを明らかにしていく方法です。

この考え方を自分自身の分析に使ってみると、現在の自分が置かれている状況がよく把握できます。

まずは、自社（Company）を「自分自身」と読み替えて、自分の強みと弱みは何かを考えます。いわば、自分自身をマーケティング分析してみるわけです。

ガッツがあって上司に怒られてもへこたれないが、ロジカルに考えるのが苦手とか、データや数字に強く、分析力はあるが、あがり症で顧客の前ではうまく話せないなど、人それぞれにいろいろとあります。

このとき、次の3つの側面から、洗い直してみます。

ひとつは、顧客を前にしたとき、つまり、**営業しているときの自分の強みと弱み**です。たとえば、顧客から情報を引き出すのが得意、プレゼンにはあまり自信がない、といったことです。

2つ目は、顧客と会う前、**営業の準備段階での強みと弱み**です。企画書を作るのがうまい、段取りを組むのが苦手というようなことです。

最後は、**自分が持つ基本的な強みと弱み**です。数字に強い、記憶力があまりよくない、あるいは、ガッツがあって打たれ強い、年配の人に好かれるといったことです。

この3つの側面から自分の強みと弱み、得手不得手を洗い出していく。そうやって自分を客観的に把握する。そうすると、自分のやるべきことが見えてきます。どうしたら弱みを強みでカバーできるか、もしくは、弱みそのものを強みに転換できるか。いろいろと考えて工夫していけば、自分が得意な営業スタイルを見つけることができるはずです。

次に考えるのは、競合（Competitor）です。

商品やサービスを購入するとき、顧客が比較しているのは、競合との価格や品質の違いだけではありません。当然、営業担当者の提案の仕方や人柄の違いも含めて、総合的に比べて判断しているわけです。

ですから、自分の競争相手はどこの会社の誰なのか、どれくらいの頻度でアプローチしているのか、どんな情報を提供しているのか、といった動向を把握しておくことが必要なのです。

そうすることで、顧客にとって、自分と競合がどんな位置関係にあるのかを知ることができます。

これらの情報は、やはり顧客から聞き出すしかないのですが、その場合は、雑談の中でさりげなく聞くほうがいいでしょう。

最近は、コンプライアンスの縛りがきついので、顧客も答えることが難しい場合もあります。あくまでも、雑談のひとつとして、「参考までにお聞かせください」

というニュアンスで聞くのがいいと思います。

最後は、顧客（Customer）についてです。

ここでいう顧客とは、自分はどういう顧客と相性がいいのか、どういうタイプの顧客が攻略しやすいのか、という意味です。

自分の強みを知って、その強みが発揮できる営業スタイルを見つけたら、それが一番響く顧客は誰なのかを考えるのです。**自分が得意とするタイプを優先的にまわっていけば、顧客獲得の確率が高くなる**はずです。確率が上がれば、成功体験を積むことができるので、それが自信につながり、モチベーションも上がって、良いループを作っていくことができます。

自分にとって攻略しやすい顧客とはどんなタイプなのか、それを見つける具体的な方法は、次章で詳しくお話しします。

人間は数字を持ち出されると信じてしまうもの

私がマーケティング・コンサルタントとして、お客さまから引き合いをいただける理由のひとつは、ホームページやSNSなどを使って、私を「**信じてもらう理由**」を明確にして発信しているからだと思います。

私の「信じてもらう理由」とは、マーケティングに関する本を出版していること、MBA（経営学修士）を取得していること、大学で教鞭《きょうべん》をとっていること、などがいくつかのポイントとして挙げられます。

お客さまに安心して選んでもらうには、自分を信じてもらう理由が何なのかを考え、それを明確に打ち出していくことも必要です。

まず商品やサービス、会社について、顧客に信じてもらうには、具体的な「数字」を使うのが効果的です。「この商品の業界シェアは80パーセントです」「弊社は創業50年の歴史があります」といったことです。数字は嘘をつきませんし、明確にわかりやすく伝えることができます。

もうひとつは、国や団体からの認定や他の顧客からの評価、いわゆる「お墨付き」と呼ばれるものです。「グッドデザイン賞を受賞しました」「顧客満足度93パーセントです」「○○より優良団体として認定されています」といったことです。

他者からの評価を受けて、認めてもらっている商品や会社なのだとわかれば、顧客に安心感を与えることができます。

資格と肩書は、あなたのシグナルになる

次に、営業担当者自身が顧客から信じてもらう理由です。

本来ならば、人柄や人となりこそが「信じてもらう理由」であるべきなのですが、これはある程度、深い人間関係を築かなければわかってもらえません。初対面の顧客に対して、「私はいい人なんです」と伝えたところで、言葉通りに受け取る人はいないでしょう。

そこで、顧客からある程度の信頼を得るために、資格やタイトル（肩書）を利用

する人が多いのだと思います。

金融関係であればファイナンシャルプランナー、不動産業界であれば宅地建物取引士など、これらの資格は取得を義務化している会社や業界もありますから、持っていたとしてもアピール効果は低いかもしれません。

けれども、たとえば中小企業診断士などは、国家資格の中でも難易度が高く、信頼を得るには有効だったりもします。

私がアメリカの大学でＭＢＡを取得している、というのもマーケターとしては信頼を醸成するひとつの理由になります。

日本の会社員は、資格を持っていてもアピールしない人が多いのですが、やはり表に出すべきだと思います。資格を取得したということは、仕事に対して前向きに取り組んでいる人、勉強熱心な人という印象を与える効果があるからです。

資格を持っているから、肩書があるから、ＭＢＡを持っているからといって、仕事ができるかどうかは不明だというのは、誰もが理解しています。

けれども、相手がどんな人なのか、その情報をまったく知らないままに（これは

「情報の非対称」です）、一緒に仕事をする、取引をするとなると、何かしら「どんな人だろうか」という手がかり、つまり**シグナルが欲しくなる**わけです。

だから、資格、肩書、学歴などわかりやすいシグナルを提示されると、されなかった場合に比べて信用を得やすくなるという効果があります（「シグナリング効果」といいます）。

最近、いただく名刺に各種の資格取得者であることを明示する方が増えていますが、そういう効果をねらってのことだと思います。

「その資格、この仕事の何に役立つのだ？」「こんな資格、聞いたことないぞ」というものを列記した名刺は、「なにやら怪しい感じがする」と、かえって逆効果になることもありますが、それなりに有名で難度が高いと世間で共通認識されている資格は信じてもらう理由になります。

自分のお尻に焼き印を押す！

ここまで、自分独自の価値とは何なのか、それを見つける方法をお伝えしてきました。

そして、見つけた価値を徹底して強めていく。これはまさに「**自分のブランディング**」と言えるでしょう。

ところで、ブランドという言葉は、牛の焼き印が語源だということをご存じでしょうか。

古代の人々が、放し飼いにしていた牛のお尻に焼き印を押して、自分が所有する牛だと見分けていたことが言葉の由来だと言われています。つまり、「一目見ただけで他と違うとわかること」がブランディングなのです。

営業担当者が自分独自の価値を提供して、顧客に他と違うと見分けてもらい、選んでもらえるようにするのです。

この章のはじめに、「なぜ、同じ武器を使っているのに、営業の成果に差が出るのか」という話をしましたが、**成果をあげている人は、意識的にしろ、無意識的にしろ、自分自身をブランディングしています。**その人自身がブランド力を持っているのです。

ブランドは、「他と違う」と識別されるだけではありません。識別されると同時に、そのブランドが持つ品質や安心感といったイメージが浮かんでくるものです。

たとえば、ルイ・ヴィトンのバッグは、ロゴを見ただけで認識できるのと同時に、「耐久性があって丈夫なバッグ」「高級でエレガントなデザイン」といった、品質やイメージが頭に浮かびます。これを「ブランド・プロミス」といいます。

読んで字のごとく、「ブランドから顧客への約束」という意味です。

ヨーロッパの車を例に考えると、ポルシェなら「スポーティ」、メルセデス・ベンツなら「ラグジュアリー」、ボルボなら「安全・頑丈」と、ロゴを見ただけでそのイメージまでもが浮かんでくるはずです。

これを営業担当者である自分にも当てはめてみるのです。自分独自の価値を提供し、顧客に違いをわかってもらえたら、その価値をさらに磨いて、ブランド・プロミスまで高めていく。

たとえば、顧客が「理央リースの田中さん」と聞いたら、「コピー機はもちろん、その周辺の事務機器についても、すべて細かいところまで知っている、相談に乗ってくれる」というイメージが浮かぶようにするのです。

このブランド力に魅力を感じて選んでくれた顧客は、たとえ競合が低い価格で商品やサービスを提示しても、簡単にそちらになびくことはありません。

つまり、自分がブランド力を持つということは、優良顧客を増やし、良好な関係を築いていくことにつながっていくわけです。

一点突破で自分ブランドを高めていく

マーケティング戦略や営業戦略を考えるときによく使われる理論として、ランチェスター戦略というものがあります。

第一次世界大戦時に戦闘機のエンジニアをしていたイギリス人のF・W・ランチェスターが発表した戦闘の数理モデルがベースになっており、それがビジネス戦略として捉えられ、日本で独自に進化しました。

ひと言で表せば、ランチェスター戦略とは、限られたカテゴリーの中で1位を取る戦略です。

大企業は資本力があるので、大きな市場に向けて投網を張るような戦略を実行する体力がありますが、中小企業にはそれがありません。

ですから、自分に勝ち目のある市場、自分の強みを活かせる市場を選んで、その市場をさらに絞り込み、そこにヒト、モノ、カネの経営資源を一点集中させて1位を取ろうという考え方です。

自分をブランディングするときにも、この考え方がヒントを与えてくれるかもしれません。

どんなに小さなことでもよいので、**自分の強みを見つけ、その強みを伸ばすことに集中する**のです。ライバルにはない独自の強みを見つけたら、誰にも負けないレベルになるまで努力する。それが認められたら、自分のブランドになります。

営業活動における究極的な目標は、顧客と良好な関係を継続的に築いていくことです。顧客の心のポケットは、たくさんあります。どんな小さなものでもいいので、ひとつでもこじ開けることができれば、その目標に一歩近づくことができるはずです。

顧客の価値創造ピラミッド

ブランド・マネジメントにおける重要な考え方に、ブランド論の第一人者ケビン・レーン・ケラー教授による「顧客の価値創造ピラミッド」というフレームワーク（思考の枠組み）があります。

これは、強いブランドを作るにはどうしたらいいのかという視点から、ブランド構築の段階を4つのステップに分けて、視覚的にわかりやすく表したものです。

第1段階　あなたは誰なのか
第2段階　あなたは何なのか
第3段階　あなたをどのように感じているか
第4段階　あなたとの関係はどのようなものか

第1段階は、「あなたは誰なのか」を顧客に知ってもらうという、ブランドのア

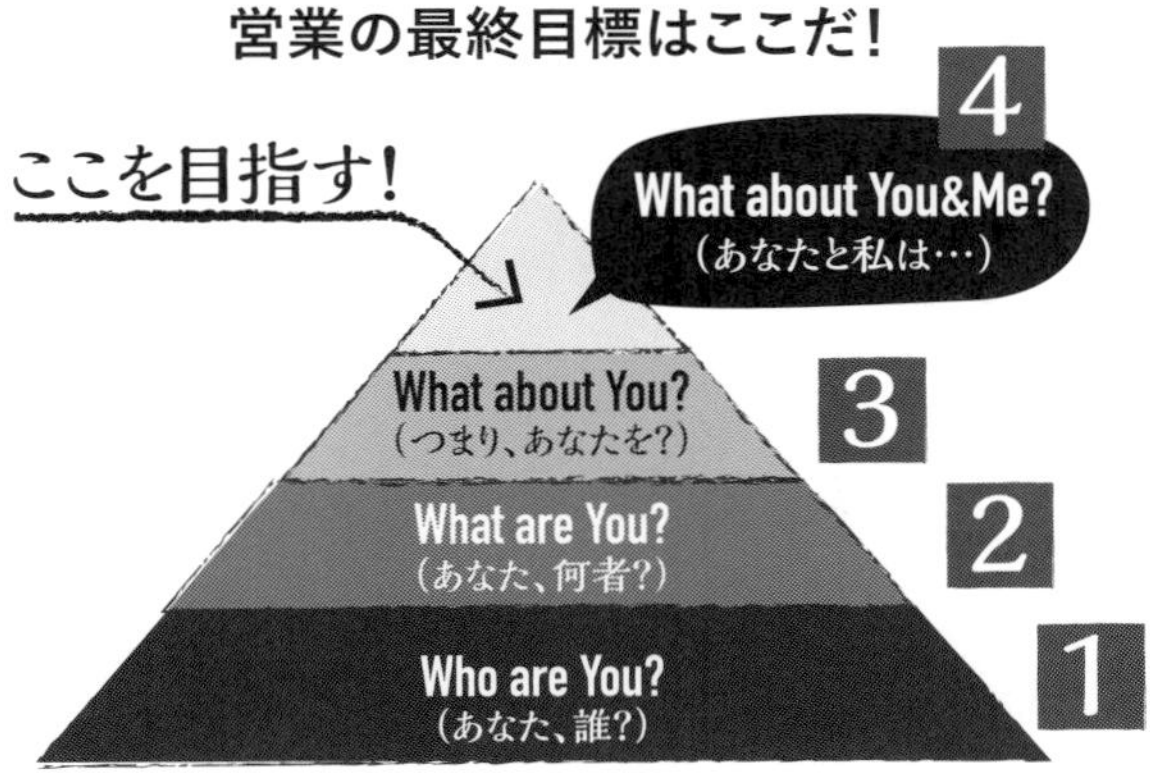

※“Strategic Brand Management”Kevin Lane Kellerを参考に作成

イデンティティを確立するステップです。

ここですることは、ブランドの認知度を高めることです。高級ブランドを例にとると、ロゴを見ただけで、ルイ・ヴィトンだとわかるようにする、ということです。

第2段階は、「あなたは何なのか」という意味（ミーニング）を形成するステップです。

ここで行うのは、差異点と類似点とを明確にして、ブランドの特徴を知ってもらうことです。特徴には、機能的な面（パフォーマンス）と情緒的な面（イメージ）があります。ルイ・ヴィトンでいえば、機能的な特徴は「耐久性があって丈夫」、情緒的な特徴は「高級でエレガント」といったことになると思います。

第3段階は、「あなたをどのように感じているか」という反応（レスポンス）を形成するステップです。

ここですることは、「良い」「好き」といったポジティブで好意的な評価を得ることです。これにも機能的な面と情緒的な面があります。品質や利便性、信頼性などをもとに理性的に考え、「良い」と判断すること（ジャッジメント）、ポジティブ感や満足感を心で受け止めて「好き」と感じること（フィーリング）です。

第2段階が「理解する」という程度に留まるのに対して、第3段階は「好意的な反応を得る」ようにするわけですから、第2段階から第3段階へのステップは少し高くなります。

第4段階は、「あなたとの関係はどのようなものか」というリレーションシップを形成するステップです。

ここですることは、「良い」「好き」よりも一歩進んで、ブランドに愛着や忠誠心を感じてもらう、ブランドとの間に強い関係性を築いてもらうことです。「**ブランドと顧客が音叉《おんさ》のように共鳴する**」という意味で、このステップを「レゾナンス」

と言います。「良い」「好き」で留まるのではなく、顧客とブランドとの間に絆を形成します。そこまでして初めて本当に強いブランドが構築できるわけです。

この4つのステップは、各段階でするべきことをしっかりやって、ステップをひとつずつ上がっていくことが大切です。いいスーツを着たり、靴を磨いたりと、外見だけ調えても中身がしっかりしていなければ意味がありません。一足飛びで近道しようとしても、強いブランドを構築することはできないのです。

営業に当てはめる

では、顧客の価値創造ピラミッドを営業に当てはめるとどうなるでしょうか。コピー機の営業マン、理央リースの田中さんを例に考えてみましょう。

第1段階は、顧客に自分が理央リースの田中であることを認識してもらうステップです。

ここは回数を稼ぐことが必要です。顧客のところへ頻繁に足を運びます。先に、効率を重視せよという内容のことを説明しましたが、知ってもらう、顔を覚えてもらうには、やはり対面した回数というのはとても大切です。ここで手を抜いてはいけないと思います。

事前に顧客をしっかりリサーチして、顧客にとって有益な情報をこまめに伝えることが大切です。そういうことを突破口にしていくといいと思います。

第2段階は、競合との差異点と類似点を明確にして、理央リースの商品について知ってもらうステップです。

ここではカタログを出しての商品説明などがそれにあたります。機能面では、「白黒印刷なら1枚3円でできます」「このトナーでは2万5000枚まで印刷可能です」といったこと、情緒的な面では、「メンテナンスサポートがしっかりしています」「うちのコピー機を使うと仕事の効率が上がります」といったポイントをアピールして、顧客に理解を促します。

第3段階では、顧客からポジティブな評価を得られるようにしなければなりません。

たとえば、普段顧客がどのようにコピー機を使っているのか話を聞かせてもらったり、実際にコピー機のある場所を見せてもらったりして、顧客が気づいていないニーズがないかを探り、解決策を提案することが必要です。

現場を見ると、発見できることはたくさんあります。コピー機の近くにトナーの買い置きがたくさん置いてあることに気づいたら、「トナーの残量に合わせて、次のトナーを自動で配送できる機種がうちにはありますよ」という提案をする、といったことです。

「理央リースの田中さん、頼れるよね」という評価をもらえるようにするには、顧客の立場になって、顧客のためになることは何なのかを常に考えておく必要があります。

第4段階では、顧客がコピー機のことで困ったとき、すぐに「理央リースの田中さんに電話しなきゃ」と思ってもらえる関係を築いていきます。ここまできて初めて、継続して契約を結んでもらえるようになるわけです。

この第4段階について、私はいつも音叉を例にして皆さんに説明しています。

学生時代に物理の授業で習ったと思いますが、音叉を2つ並べて置いて、片方の音叉を叩くと、その振動がもう一方を叩かなくても伝わり、両方が同じ振動を発するようになります。

この現象を「共鳴」と言うわけですが、**顧客の心に響く提案をして、無理に売り込まなくても顧客がそれに呼応してくれる。**そういう関係を築くことが最終目標なのです。

ここまで来ると、しつこい営業活動をする必要がなくなりますから、顧客にとっても自分にとっても好ましい状態になるわけです。

それには、自分が今その顧客に対して、4つのステップのどこにいるのかを把握して、最適な行動をとる必要があるのです。

第3章

売り込まずに顧客を獲得する方法

CDが売れないなら、音楽を変えるべきか

モノがあふれ、売れない時代と言われて久しくなりますが、最近、「ますます営業がしにくくなった」という声を多く耳にします。

私は仕事柄、中小企業の経営者の方とお話しする機会が多いのですが、特に創業者の方がそう実感されているようです。これまでは、自分の人間関係で顧客から引き合いが来ていたのに、それがうまくいかなくなった。なぜそうなったのかがわからない、というのです。

私がお会いする創業者の方々も、「自分はこのやり方で成功してきた」と、自分の仕事の手法に強固な自信を持たれている場合が多く、「もう少し柔軟に考えられないものか」と思うことがよくあります。

時代の変化、マーケットの変化にともなって、顧客の購買態度も変わってきます。人間関係や営業センス、根性に頼った営業手法では通用しない時代になっているのです。

ましてや、日本経済は成長期から成熟期に移行しているのです（口の悪い方は、「衰退期」と言ったりもしますが）。市場のパイが拡大している頃の売り方が、そのまま通用するとは考えないほうがいいでしょう。

勃興《ぼっこう》期、成長期の経済では、いかに効率的に生産するかという、マスプロダクション（大量生産）の追求が中心になりますから、みんなが同じ商品を買います。この大量生産、大量消費の時代は、マス広告、押せ押せの営業が効果的だったりしたのです。

ところが、成熟期の経済では、商品やサービスについても多様な選択肢が生まれ、さらに顧客の嗜好も人それぞれになるので、ユニークさが大切になっていきます。

と、ここまではいかにも教科書的な説明をしてしまいました。

しかし時代が移り変わったのだから、じゃあ営業という仕事の本質に対する見方も変えなくてはならないのか、となると話は少し違ってきます。

もちろん、成熟した経済のもとでは、顧客にとっての選択肢も多様化しているわけですし、営業担当者が使える仕事上のツールも驚くほどの進化・変化を遂げていますから、表向きの仕事の進め方はだいぶ変わるはずです。

けれども、本書で何度も強調している顧客にとっての価値という側面から考えると、**商売の基本、本質はまったく変化していません**。

たとえば、音楽配信が広がってCDが売れなくなったからといって、音楽そのものを変えなくてはいけないのか、という議論と似ています。

もちろん、新しい媒体、販売チャネルに乗りやすいようにするといった技術的な工夫は必要ですが、顧客の「いい音楽を聴きたい、面白い曲を試したい」というニーズそのものは変わっていません。

レコードの時代、CDの時代にまったく見向きもされなかった曲が音楽配信の時代になったからといって、急に売れるようになるとは考えられないのです。

営業氷河期だから、成功方程式は変えない

この考え方を営業という仕事に当てはめてみれば、ツールの変化などによって仕事の進め方を変えることはあるけれど、顧客の顕在的・潜在的ニーズをくみ取り、

それに応えるような価値を提示することによって「買っていただく」という本質は何も変わらないということです。

ですから、昔ながらの「手法」にこだわって、営業のやり方をまったく省みないというのは問題だなと思う一方で、モノが売れない「営業氷河期」だからといって、仕事の本質そのものをブレさせてしまうのはもっとマズいと思います。

つまり、どんなに時代が変化しても、「❶知る、❷超える、❸動く」という買っていただくための基本動作、成功の方程式を変えたり、おろそかにしたりしてはいけないのです。

では、本章でご説明する「❷超える」とは何でしょうか。ここでは、顧客、自社(商品)、競合、自分自身をしっかり分析したうえで、こういうことをするのだと定義してみます。

戦略と企画を立てて、顧客の期待を超える価値を絞り出す

先に、顧客は価格以上の（広い意味での）価値を感じなければ、財布を開かないと書きましたが、まさにこれが「超える」ということです。

この価格以上の価値というのが難しいところです。

たとえば、あるブランドの時計があるとします。高級百貨店で買うと20万円、量販店で買うと15万円。価格だけを比べれば、量販店で購入するほうが合理的だと思われます。

ところが、皆さんもご承知のように、量販店で買う人もいれば、高級百貨店で買う人もかなりの割合でいます。

これが何を意味するかというと、商品と価格の関係を軸にものの価値を考える人は量販店での購入を選択する一方で、高級百貨店で購入する人は、商品そのものの価値に加え、お店のブランド力や信頼感にも重きを置いている、つまり価値を見出していると捉えられます。

顧客が財布を開く際に、どこに価値を見出すかは、顧客によってそれぞれ違うという理屈は、ブランドものの時計以外にも当てはまります。

販売している商品・サービスがどんなものかにもかかわらず、品質、納期、アフターサービスなど、さまざまな要素が価値の源泉となるわけです。この価値には営業担当者そのものも含まれるでしょう。

ですから、「販売する」という、商品を顧客に届けるプロセスの仕上げを担う営業には、「どうすれば、顧客の期待を超えた価値をアピールできるのか」、さらには「自分が販売している商品に、価格以上の価値を見出してくれる顧客はどこにいるのか」を考え続けるという役割が期待されるのです。

この思考作業が、まさに「❷超える」というステップであり、今が「営業氷河期」だからこそ、1人ひとりの営業担当者が、やはりマーケティングの手法で営業についてロジカルに考える必要があると思います。

マーケティングの神様に見放されている?

「マーケティングの神様」と呼ばれるフィリップ・コトラーの著書に『マーケティング・マネジメント』があります。この本は、世界20カ国語に翻訳され、およそ40

年間にわたって読み継がれているマーケティングのバイブルです。

この中では、4P、3C、STPといったさまざまなマーケティングのフレームワークが紹介されているのですが、そのほとんどが、「コカ・コーラを売るにはどうしたらいいか」といったBtoCのビジネスに関わる考え方です。BtoBのマーケティングについて、まとめてある部分は、ほとんどありません。

だからでしょうか、私はさまざまな企業で働き、独立後もいろいろなお客さまと仕事をさせていただいていますが、最終消費財の製造・販売をしている会社では、マーケティング的なものの考え方、仕事の進め方をされることが多くなってきた一方で、BtoBの会社では販売戦略から現場の営業部についても、マーケティングの考え方があまり浸透していないという印象を受けています。

特に、法人を相手にした営業の現場でマーケティング的思考をされている方は、ほとんど見かけません。

では、「本で説明していないということは、BtoBの場合は、マーケティングが必要ないのか」というと、もちろん、そんなことはありません。

日本の企業のほとんどが、ＢtoＢのビジネスを行っています。私の経験から考えて、これらの会社の多くがマーケティング的な販売戦略、営業戦略を実践していないとすれば、むしろそこにチャンスがあると考えるべきでしょう。

マーケティングといっても、そう難しく考える必要はありません。やり方はシンプルです。ＢtoＣのために説明されているフレームワークなどをＢtoＢの仕事に当てはめてみればいいと思います。

顧客に買っていただく、というプロセスの本質は、業種や企業規模が変わっても実は違いがないからです。

基本的、本質的な考え方を身につけて、「うちの会社ではこんなふうに使ったらどうだろうか」と応用していただければ、かなり役立てると思います。

この章では、有効な営業戦略を立てるための分析手法などをご紹介しながら、顧客の期待を「超える」をどうやって絞り出すのか、考えていきたいと思います。

この考え方は、もちろん最終消費財のセールスを担当している方にも役立つものです。

なぜ新会社はつぶれやすいのか

まずは、戦略を立てるための、ごく基本的な分析ツールをご紹介します。「アンゾフの成長マトリックス」というものです。

これは、ロシアで生まれ、のちにアメリカに渡った経営学者、H・イゴール・アンゾフが提唱したもので、経営学の名著と言われる『戦略経営論』などで紹介されています。経営戦略で成長の方向性を考えるときによく使われるフレームワークです。

考え方は、とてもシンプルです。縦軸に「市場」、横軸に「製品」をとり、それぞれを「既存」「新規」とに分けて、2×2のマトリックスにします。

そして、この4つそれぞれに合わせた戦略を導き出そうというものです。主に企業が戦略的な経営を行うために使うツールですが、営業の現場に応用することもできると思います。

順に見ていきましょう。

さあ、どうやって攻めよう

	既存商品	新規商品
既存顧客	市場浸透 最優先! ◉利益の源泉 ◉サービスの充実	製品開発 目先を変える! ◉ご無沙汰さんにも有効 ◉アップセルをねらう (ケーブルTVの客にネットサービスなど)
新規顧客	市場開拓 一見さん攻略 ◉お馴染み客に連れてきてもらう ◉有益なモノや情報の提供	多角化 最難関! ◉特別チームであたる ◉あるいは優先順位を下げる

※「アンゾフの成長マトリックス」を参考に作成

❶ 既存顧客に既存商品

まずは、既存市場に既存製品を投入する場合です。図の「市場浸透」にあたるところです。ここでとるべき戦略は、競合に勝ってマーケットシェアの拡大を図ることです。

それには、既存顧客の購入量を増加させる必要があります。具体的には、販売促進や顧客サービスを充実させていくことが重要になります。

では、これを営業に当てはめて考えてみましょう。「市場」を「顧客」、「製品」を「商品」に言い換えると、ここは、既存顧客に既存商品を買ってもらう場合にあたります。

考え方としては、ルートセールスがこれにあたると考えればいいでしょう。

つまり、顧客に購入頻度、購入量を増やしてもらい、最終的には、優良顧客になってもらうことを目指します。現在の顧客に現在ある商品を、いかに効率的に買ってもらうかを考えることが重要になります。

❷ 既存顧客に新規商品

次に、既存市場に新規製品を投入する場合です。図の「製品開発」にあたるところです。経営戦略としては、既存製品に新機能を追加したり、関連商品のラインナップを増やしたり、あるいは、まったく新しい商品を開発し、市場に投入することでシェアの拡大を目指していきます。

これを営業に当てはめると、既存顧客に新規商品を買ってもらう場合にあたります。

これまで付き合いのある顧客に、さらに新商品を提案することで、顧客満足度を高めるわけです。営業担当者は、日ごろから、顧客の嗜好や業務内容などをしっかり把握して潜在的なニーズを捉え、自社の商品がそのニーズにどう応えられるのかを常に考えておく必要があります。

❸ 新規顧客に既存商品

そして、新規市場に既存製品を投入する場合です。これは図の「市場開拓」にあたります。文字通り、新しい市場を開拓して、既存製品の売り上げを伸ばすことを目指します。経営戦略としては、既存製品を海外に展開することで量産効果を狙ったり、新しい販売チャネルを構築したりすることが考えられます。

これを営業で考えると、新規顧客に既存商品を買ってもらう場合にあたります。つまり飛び込み営業の仕事と考えると理解しやすいかもしれません。新しい顧客、これまで取引がなかった顧客を訪問して、自社の商品を提案するわけですから、商品の価値を十分に把握しておく必要があります。また、事前に顧客についてしっかり調べておくことも大切です。

❹ 新規顧客に新規商品

最後に、新規市場に新規製品を投入する場合です。これは図の「多角化」にあたります。

製品・市場ともに、新しい分野へ展開して成長を図ろうという戦略ですから、もっともリスクが高くなります。事前に経営環境の分析を徹底的に行う必要があります。

これを営業で考えると、新規顧客に新規商品を買ってもらう場合が当てはまります。もっとも難易度の高い仕事です。ですから、よほどの事情がない限り、ここに営業資源（時間、労力）を投入しないほうがいいかもしれません。

どうしても「新規×新規」を行う必要がある場合は、見込み客リストを精査して絞り込み、その見込み客に「欲しい」と思ってもらえるまで情報提供に徹する。売り込まない姿勢を貫くことが大切だと思います。

現場で営業の仕事に携わっている方であれば直感的に理解できると思いますが、この4つのシチュエーション、❶から順に、❷→❸→❹と仕事の難易度が上がっていきます。

世の中には、毎年、数多くの会社や店舗が設立されますが、その多くがビジネスを軌道に乗せる前につぶれていきます。これは当たり前と言えば当たり前で、新しくビジネスを始めた会社、人は、その多くが「❹新規顧客に新規商品」にトライしなければいけないからです。

だからといって、新規顧客の開拓から目を背けていれば、新規企業はもちろん、既存企業でもビジネスを維持、成長させることはできません。

では、どうすれば効率よく顧客を獲得できるのか。その点についてより深く考えてみます。

つまり「誰」に売ればいいのか

私は、「マーケティングとは何か」と聞かれたら、「売れる仕組みを作ること」だといつもお答えしています。

そして、「売れる仕組み」を構築するときは、「何を」「誰に」「どうやって」買っていただくのかをポイントに考えることが重要だと説明しています。

営業の場合、「何を」については、会社に決められている場合がほとんどですから、「誰に」「どうやって」買っていただくのかが大切になります。

では、「誰に」をどうするのか。それを考えるのが、マーケティングでいうところのターゲティングです。ターゲットをいかに絞り込むかが、マーケティングの成功のカギとなります。

具体的にどうやって絞り込んでいくのかというと、まずは、ターゲットとする想定顧客像をリアルに設定していきます。

ポイントは4つです。1つ目は、性別、年齢、職業といった統計学的な特性、2つ目は、住んでいる場所、勤めているエリアといった地理的特性、3つ目は、購入や契約をする際の行動、4つ目は、価値観や生き方に対する考え方といったものです。

3つ目の行動と4つ目の価値観は、統計学的な特性、地理的特性のような表面に出てくる数値的なものではなく、顧客の態度や考え方、生き方の根底にあるものです。これを「洞察した結果」という意味で、コンシューマー・インサイト、消費者インサイトと言います。いわば「**顧客の本音**」ですね。

では、たとえば、たばこメーカーが、たばこの新商品を出すにあたって、ターゲットとする想定顧客を設定するとします。

統計学的な特性、地理的特性は、男性、20代、都会に暮らす会社員とします。消費者インサイトの部分は、週末の夜は六本木や麻布へ飲みに出かけるが、他人と群れるのは嫌い。大勢で過ごすのではなく、1人の時間をゆっくり楽しむのを大事にしている、といったように細かくリアルに設定していくわけです。

自分の得意なターゲットを絞り込む

たばこメーカーの例でわかるように、マーケティングにおけるターゲティングは、基本的にBtoCを前提にした考え方です。ですが、この考え方そのものをBtoBに当てはめれば、ターゲットとすべき顧客を絞ることができます。

たとえば、100社の顧客リスト、あるいは見込み客のリストがあって、これを絞り込んで優先順位をつけたいと思ったとします。

まずは、会社や窓口の担当者について、統計学的な特性、地理的特性を当てはめます。これには、業種・業態、会社の規模、伝統的な会社か、ベンチャーなのか、本社や支店がある場所はどこか、さらに担当者の年齢、ポジションといった項目が当てはまります。

次に、行動や価値観といった消費者インサイトです。

これは、その会社の社風、担当者の気質など、目に見えるデータでは測れない情報です。風通しがいいか悪いか、組織としてトップダウンなのかボトムアップなのか、さらに担当者についてであれば気さくなのか気むずかしいのか、といったことです。

もちろん、見込み客については、インサイトを探るのは難しいでしょうから、インターネットで調べるなど、できる限り取材する程度でいいと思います。

そうやって細かい項目に分けたら、それを自分が得意とする顧客のタイプに合わせてグルーピングしていきます。

こう説明すると、「そんな面倒な」と思われるかもしれませんが、優秀な営業担当者であれば、実際に意識的に分析しているかどうかは別として（本人は無意識にやっている場合があります）、これらの顧客や見込み客について、どんな顧客なのかをしっかり把握しています。

たとえば、コピー機の営業担当者であれば、「自分の取柄はＩＴに詳しいこと。元気がいいので、若手の社長相手の商談が得意」と自己認識しているとしたら、若い社長と直接やりとりのできるＩＴベンチャーをピックアップしてみるのです。

そして、ピックアップは10社ほど。まずはその10社から先に営業していくのです。**自分が取りやすいところを見つけて絞り込み、そこから先にまわっていく。**そうすれば、効率的に営業活動が進められるはずです。

まずはお馴染みさんにアプローチしよう

では、これまで説明した考え方も使いながら、どう営業をしていくのか。モデルケースを考えてみましょう。

この考え方はBtoB、すなわち法人向けに営業をしている企業や士業系企業によく当てはまります。ここでは特許事務所を想定してみます。

特許事務所とは、弁理士の会社のことです。弁理士が企業に代わって、特許や実用新案、意匠《いしょう》、商標などについて申請手続きを行うのが主な業務です。

ここでは、総勢で70~80人規模の比較的大きな、ある特許事務所を例にとって、どうやって営業活動をするのが効率的か、考えていくことにします。

まず、どんな顧客にどんな商品を提案するのが効率的かを考えます。営業というと、つい新規開拓を優先してしまいがちですが、新規顧客を開拓することは、既存顧客を囲い込むことよりも多くのコストがかかります。ですから、新規開拓は優先順位を下げます。最初に狙うべきなのは、既存顧客に既存商品を買ってもらうことです。これまでに、この特許事務所で一度でも意匠や商標を取ったことがある会社に、「貴社の他の商品の商標も取りませんか」と提案するのです。

次に狙うのは、既存顧客に新規商品を買ってもらうことです。

これまで商標として登録できるのは、社名などの「文字」、ロゴマークなどの「図形」だけでしたが、平成27年4月から「音」や「色」なども商標として登録できる制度が始まりました。

ですから、既存顧客の中で、テレビやラジオのCMを打っている会社や、商品に象徴的な色を用いている会社があったら、そこに「今度、音や色も商標登録できるようになったので、いかがですか」と提案するのです。

このように、まずは**既存顧客に優先的に当たっていく**のが効率的です。

いつ、どれくらいの頻度で、いくら買ったのかを把握する

けれども、規模の大きな特許事務所となると、既存顧客の数が膨大になります。そうするとすべての既存顧客に営業することはできませんから、顧客リストを絞り

込む必要が出てきます。

顧客を絞り込むには、**まずは自社にとっての重要な顧客、いわゆる優良顧客を把握する**必要があります。代表的な顧客分析法として、「ＲＦＭ分析」というものがあります。

ＲＦＭとは、「最終購買日（Recency）」「購買頻度（Frequency）」「購買金額（Monetary）」の頭文字をとったものです。

要するに、いつ、どれくらいの頻度で、いくら使ったのか、この3つを指標として顧客を分類するわけです。

そうすると、優良顧客、つまり「最近、何度も、たくさん買ってくれている顧客」を把握できます。過去の取引データを表計算ソフトを使って分析すれば、すぐに順位が出てくるはずです。

ＲＦＭ分析で優先順位が出たら、そのリストをさらに絞っていきます。

マーケティングでは、ターゲットを絞り込むときに、顧客の行動や価値観といった消費者インサイトを設定する、とお話ししましたが、ここでもそれを使っていきます。

特許事務所の場合、顧客となるのは会社ですから、「行動」には、その会社の業種・業態、企業規模、取引先といったことを当てはめます。

次に、「価値観」には、自分にとってその会社が攻めやすいか攻めにくいか、自社にとって将来性があるのかないのか、ということを当てはめて考え、AとBとに分類していきます。そして、これらをまた表計算ソフトに入力していくわけです。エクセルのピボットテーブルという機能を使うと、クロス集計のような複数条件によるデータ分析が簡単にできます。

そうすると、自分がアプローチしやすい会社がどんな会社なのかが、ひとかたまりのグループになって出てきます。このやり方は、私自身もお客さまのリストを管理する際に使っている手法です。

たとえば、過去に売り上げが300万円以上あった顧客で、自分が攻めやすいのはどこか、という視点で集計すると、「大企業、化学メーカー、BtoBの取引、将来性あり」という会社が一番上に出てくるわけです。

このようなやり方でデータ分析をしていけば、膨大な数の顧客リストがあったとしても、取引につなげやすい顧客を選び出すことができます。すべての顧客に一律に営業をかける無駄がなくなり、効率的に売り上げにつなげることができるわけです。

顧客を限定するのを怖がる経営者

そうはいっても、経営者には、顧客を絞り込み、限定することに不安を覚える方もいます。「うちには500社も顧客があるのに、そんなふうに絞ったら、営業は自分の行きたいところだけに行くようになってしまう」と言うのです。

けれども、自分が得意とする顧客から先にまわって取引につなげられれば、それが成功体験となります。成功体験を積むことによって、それが自信になり、モチベーションへとつながっていくはずです。

ビジネスの世界でよく言われる話に「働きアリの法則」というものがあります。100匹の働きアリを観察すると、20匹がよく働き、60匹が普通に働き、残りの20匹が働かずに遊んでいる状態になるというものです。

この構成は、人間の集団にも当てはまるとして、よく企業に対しても使われます。つまり、会社には、優秀な人が2割、普通の人が6割、パッとしない人が2割いるというわけです。

営業担当者であれば、上の2割の人は、生まれ持ったセンスというか、絶対的な営業力を持っている人です。けれども、普通の6割の人にはそれがありません。だから、行きやすいところから訪問して、成功体験を積んでモチベーションを向上させることを優先したほうがいいと思います。

もちろん、自社にとって将来性のない顧客なのに、「担当者が優しいから」というような理由で通い詰めるのは論外です。しっかり分析して絞り込んだ顧客であることが大前提です。

自動車の顧客は音楽ライブで紹介してもらう

では次に、新規顧客はどうやって開拓したらいいのかを考えていきましょう。ビジネスを成長させていくには、絶対に外せないポイントです。

ところが、新規顧客に新規商品を売る、これは、アンゾフの成長マトリックスに当てはめても、もっとも成功率が低いところです。

自分が顧客の立場に立って考えるとわかりやすいと思います。付き合いのなかった会社から、使ったことのない商品を買うのは勇気が必要です。

顧客には、発注するとき、「この商品に100万円出したとして、うちの会社は価格以上の価値を得られるだろうか」という不安があるわけです。

飛び込み営業で来た会社には、その不安を解消する理由、その会社や商品を信じるだけの理由がなかなかありません。それはなぜか。飛び込みだからです。面識もあまりなく、よく知らない人から「話を聞いてください、買ってください」とお願いされたところで、なかなか買おうという気にはなりません。

そこで、紹介に頼りたくなるのですが、この場合、紹介してくれた顧客、紹介された顧客の双方に金銭的インセンティブを差し上げます、といったものはなるべく避けたほうがいいでしょう。そうすると、どうしてもお金欲しさの顧客ばかりが集まってしまいますし、効果が持続しないからです。

ですから、そうではなくて、**既存の顧客に新しい顧客を「有益な場所」に連れてきてもらう**という方法があります。

名古屋に「レクサス星が丘」というトヨタのレクサスの販売店があります。ここは地元ではおもてなしで有名なレクサス販売店です。この店がやっている興味深いイベントがあります。一流アーティストによる音楽ライブを開催するのだそうです。たとえば、その年の1月から3月までの間に購入してくれた顧客全員に対して、4月に開催する音楽ライブに2名1組で無料招待します。2名のうち1名はもちろん購入者です。もう1名は奥さんや夫であったり、友人であったりするわけです。

ご夫婦だった場合、もう1台購入する可能性は低いかもしれませんが、友人の場合は違います。レクサスの販売店を訪れたことがきっかけで、車の買い替えを検討するかもしれません。このもう1名が、新規顧客になる可能性があるわけです。

ここでのポイントは、招待する場所が「**有益な場所である**」ということです。既存の顧客にきちんとサービスをしながら、その顧客から新たな顧客を紹介してもらう。そういう仕組みを作っているわけです。

勉強会を開いて新規顧客を獲得する

レクサス星が丘はBtoCの事例でしたが、BtoBの場合であっても、同じように「有益な場所」を提供して、新規顧客を紹介してもらう仕組みを作れます。

特許事務所を例にとれば、勉強会の開催です。

たとえば、「平成30年4月から商標登録の新しい制度がスタートしました。貴社のブランドを守るためにも、新しい制度についてぜひ理解を深めていただきたいと思います。無料勉強会を開催するので、2社以上でお申し込みください」と既存の顧客にチラシを渡すわけです。

そうすると、既存顧客が同業の仲間、あるいは取引先を連れてきてくれる可能性があります。これで特許事務所は、自社を一から紹介する必要がなくなります。

しかも、同業の仲間の紹介であれば、おのずと信頼性も高まるはずです。ですから、この同伴者が新規の顧客になる可能性が高くなるわけです。

さらに、**ビジネスパートナーに紹介してもらう**という方法もあります。

たとえば、特許事務所には、税務をお願いしている税理士が必ずいるはずです。

その税理士の先には、他のクライアントがいるわけです。

ですから、「商標登録とか意匠登録を取れば、企業にとって回避できるリスクが結構あるんですよ」という話をして、商標に関する情報を載せたチラシを、ビジネスパートナーである税理士に渡しておくのです。

そうしておけば、その税理士が、自分のクライアントの中に、商標のことで課題がある会社があれば紹介してくれる可能性が高まります。

このようにして、既存の顧客やビジネスパートナーからの紹介で、新規顧客を開拓する仕組みを作っていくと効率が高まります。

豆腐の型箱製作会社の四代目は営業をしない

営業をしないで新規顧客を開拓した面白い事例をご紹介します。

豆腐の型箱製作会社の四代目経営者が、ユニークな仕組みを作って新規顧客獲得につなげた事例です。

彼は磯貝剛成氏といい、グロービス経営大学院のMBAでもあります。豆腐の型箱製作会社を経営しているわけですから、営業に行くべき顧客は豆腐屋さんやディーラーさんです。

本来ならば、一軒一軒まわって注文を取るべきところですが、彼は、そうするよりも、豆腐をもっとメジャーにして、業界全体の売り上げを底上げすれば、巡り巡って自社の型箱も買ってもらえるようになるだろうと考えたらしいのです。

それで、最初は、一般財団法人全国豆腐連合会（全豆連）という豆腐の業界団体の後援を受けて全国をまわり、豆腐料理を普及させる活動をしていたのですが、あるときふと「豆腐マイスター」という資格制度を作ったらどうだろうか、と思いついたのだそうです。

そこで、豆腐マイスター認定講座を立ち上げ、それを受講した人に認定証を授与するシステムを作りました。

講座では、豆腐の基礎知識から料理まで学べるようになっているので、マイスターに認定された人は、手作り豆腐の教室を開いたり、地域の食育活動に参加したりと、活躍の場が広がります。そうすれば、地域の豆腐消費も活性化し、豆腐業界全体の売り上げの底上げにつながるのではないか、と考えたわけです。

その後、彼は、全豆連のホームページに豆腐マイスター認定講座のページを作り、豆腐マイスターに関する記事をどんどんアップしていきました。

そして、全豆連のサイト以外にも会報や業界紙などでも取り上げられるようになり、多くの豆腐屋さんにその存在を知られるようになっていったのです。業界で有名人となった彼は、多くの豆腐屋さんに認知されるようになり、営業をせずとも、本業である型箱の受注につながっていった、というわけなのです。

自社の独自性や強みだけではなく、その周辺にあるものをうまく使って業界の中で名前を売り、**自然と受注が入る仕組みを作る**。こういうやり方もあるということです。

今の時代は、従来の発想とは違うアプローチが必要となります。一度、自分が担当している商品に当てはめて考えてみるのも面白いかもしれません。

料理研究家は、どうやって企業ビジネスに参入したか

これは一般的な営業とは、少し違う話になりますが、料理教室の先生が、BtoBへとビジネスを広げていった事例をご紹介したいと思います。

私の塾生に、マクロビオティックの料理教室を開催している廣瀬ちえさんという先生がいます。マクロビオティックとは、簡単に言うと、穀物《こくもつ》や野菜、海藻などを中心としたヘルシーでおいしい料理のことです。

この先生の料理は、見た目もとても華やかで、先生ご自身も美人で明るく華やかな人柄。これまでは、そういうご自身の強みをメディアが紹介することによって、料理教室の生徒さんが集まっていたのですが、もう一段ステップアップして、BtoBのビジネスを開発したいと思い立ちました。

そんなとき、偶然にもビジネスチャンスが舞い込みます。

静岡県でトンカツ店をチェーン展開している会社の社長が、彼女の料理本を気に入り、連絡してきたのです。

その社長の要望は、自分の店の1店舗を、彼女の料理でヘルシーなレストランにしてほしいということでした。

そこで、彼女はレストランのコンセプトからメニュー、レシピまで、一貫してプロデュースすることになりました。今、このレストランは、地元の女性に人気のお店になっています。

ちえさんは、これを成功体験にして、新たにBtoBのビジネスに挑戦、べっぴんプラス株式会社を立ち上げました。

ヘルシーな料理を求めているのは、トンカツ店だけではありません。彼女はそのレストランのレシピを横展開できるように標準化し、それを持って、他の飲食店へ積極的に営業に行ったのです。

今では、メニュー開発のコンサルタント、総合プロデューサーとしても活躍しています。

自分の強みや独自性で成功事例をひとつ作り、その**成功事例をそのままにせず、それに手を加えて水平に展開**していったわけです。そういう企業間取引への広げ方もある、というひとつの事例です。

保険を売らない営業が、保険を売りまくれる理由

豆腐マイスターも料理の先生も、考え方は面白いけれど一営業担当には難しい、そう思った方も多いかと思います。

では、この事例はいかがでしょうか。第1章でもご紹介した外資系生命保険会社の営業ウーマンが実際に行っていることです。

彼女は、自分の名前をとって「ヨウコ会」という会を立ち上げ、さまざまな業種で活躍する人たちを集めて、交流の「場」を提供しています。ゴルフコンペやボウリング大会、ワイン会などジャンルを問わずイベントを開催し、多くの人が気軽に集えるようにしているのです。

もし、彼女がこの集まりを自分の仕事に直結させたいと思ったら、「保険説明会」や「保険勉強会」にしたほうが近道になるように一般の人は思います。

けれども**彼女は、ヨウコ会で保険を売り込むどころか、保険の話も一切しません。**

その代わり、彼女の人柄を知ってもらい、親しみを持ってもらうのです。保険という商品は、人生設計に関わるものですから、「加入するときは信頼できる人にお願いしたい」と誰もが思うはずです。ですから、まずは自分という人間を信頼してもらう。そこに注力しているわけです。

営業という仕事においてもっとも難しいのが、顧客と出会うこと、顧客と話ができるようになることです。

ですから、ヨウコ会のような、ある意味、出会いの「**プラットフォーム**」を立ち上げて、まずは自分という人間を知ってもらうのです。遠回りに思われるかもしれませんが、そういうアプローチの仕方も

あります。

ここでポイントとなるのは、「プラットフォーム」は「サークル」とは違うという点です。

サークルはいつも同じメンバーで集まり、何か目的を持って活動することです。一方、プラットフォームはあくまで「場」でしかないことです。

つまり、集まりそのものには明確な目標はなく、人の出入りも自由。興味がある催しなら参加するし、なければ参加しない。そのような拘束性が低いプラットフォームであれば、誰もが気楽に集まれます。

そして、ここがもっとも大切なポイントになるのですが、顧客を獲得すること、成約数を上げることを直接的な目的とせず、プラットフォームで集まることそのものを楽しみとしているから、多くの人が参加するし、知り合いを紹介もできます。

何度も紹介したように、人は「売り込まれる」と引いてしまいます。**顧客が欲しければ、直接的に顧客を獲得するより、地道な活動でネットワークを構築する。**それが遠回りのようで、もっとも効率がいいのです。

情報を提供し続けて思い出してもらう

ヨウコ会が有効なのは、その会で出会った人が保険に加入しようと思ったときに、彼女を選択肢として最初に思い出してくれる、ということです。

商品を買うか買わないか、それを大きく左右する要因として、タイミングがあります。その商品が欲しいけれどまだ予算が足りない、とか、今は買う時期ではない、といった理由で買うのをあきらめたことが、誰にでもあると思います。

ですから、「買おう」とするタイミングに、自社の商品やサービスを思い出してもらうこと、営業にとって、それが重要なのです。

そのためには、**常に「ギブ&ギブ」の精神で、有益な情報を提供し続ける**ことが大切です。

私の場合は、マーケティングに関する情報を記事にして、ほぼ毎日ブログやフェイスブックにアップしています。マーケティングをわかりやすく解説した記事や自分の日々の学び、活動実績などを載せていますが、売り込みは一切しません。

商品をただずらずら並べたホームページやダイレクトメールは、その商品に興味がない人には見向きもされませんが、たとえば、面白い記事や有益な情報が一緒に載っていたら、ついつい読んでしまうことがあると思います。

商品は買わなくとも、そのホームページをブックマークしておいて、たまに記事をチェックしに行く。そうすると、商品を買う必要が出てきたときに、そのホームページを思い出すはずです。


私の場合、ブログに「明日、ブランド・マネジメントのセミナーを無料で開催します」という告知を載せただけでは、あまりレスポンスがよくありません。けれども、「なぜブランド・マネジメントが重要なのか」という記事を書いて、その告知にリンクを貼っておくと反応が全然違ってきます。

つまり、顧客が買おうと思うタイミングになるまで、常に情報を提供し続ける。そうやって日ごろから価値を提供することが、新規顧客獲得の重要なポイントとなるのだと思います。

友人500人のAさんはどこ？——インフルエンサーを探せ

私は日ごろから積極的にSNSを活用しています。その理由は2つあって、ひとつは、私の発信する情報を多くの人に知ってもらうためです。

今さらですが、SNSの代表である、フェイスブックの仕組みをごく簡単に説明します。

たとえば、私の友人に非常に社交的で人脈の広い人がいたとします。仮にAさんとします。Aさんと私はフェイスブック上でつながっています。Aさんとつながっているのは、私だけではなく、Bさん、Cさん、Dさん……と大勢いて、仮に500人いるとしましょう。

そこで、私が「新しい本を出しました」という告知を投稿すると、当然、Aさんはその投稿を見ることができます。Aさんは「いいね！」をしてくれるかもしれません。そしてそれだけでなく、私の本を読んで、その感想を投稿してくれるかもしれません。

そうすると、Aさんとつながっている友人500人全員がその投稿を見ることになります。

さらに、BさんがAさんの投稿をシェアしてくれたら、その友人にも情報が伝わります。私がつながっているのはAさんだけですが、その500人の先にもそれぞれにつながっている人がいるわけです。すると、Aさんから分岐した数百人、数千人に情報を伝えられます。


このAさんのように、ネットワークのハブになっている人、影響力の大きな人をマーケティング用語で「**インフルエンサー**」といいます。好感度の高い芸能人や著名なブロガーが紹介したことをきっかけに、商品の売り上げが急にアップすることがありますが、その芸能人やブロガーのような存在のことを指しています。

このインフルエンサー、ネットの世界だけの話でもありませんし、有名人である必要もまったくありません。街で人気の美容師さんを手がかりに売れ行きアップにつながったラーメン店主を思い出してみてください。

インフルエンサーを探せ！

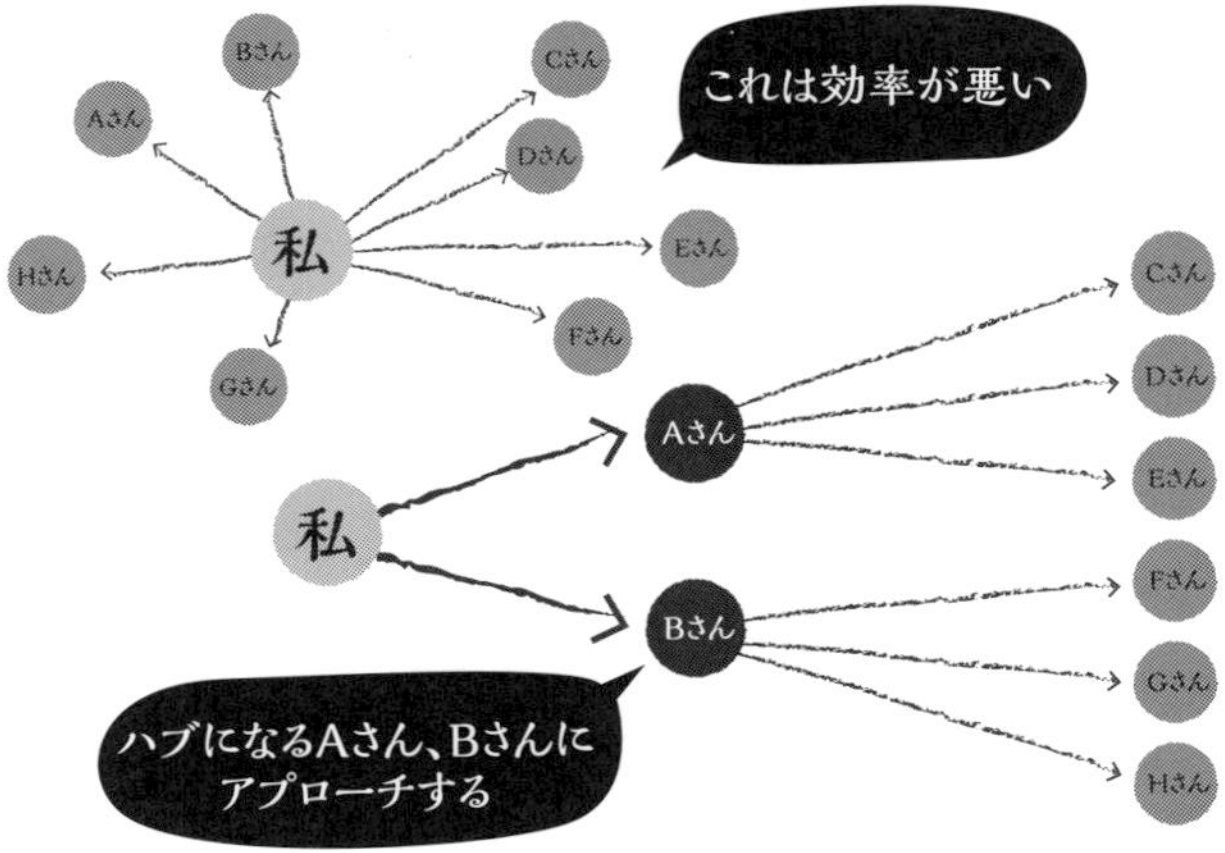

業界内の実力者、地域の顔役、何かしらのコミュニティの中心人物など、観察眼を鋭くすれば、そこかしこに存在するわけです。

インフルエンサーについては、いろいろな営業についての本でも紹介されているキーパーソンと同じ人、あるいは似ている存在と考えていただいて結構です。

インフルエンサーは企業にもいます。組織内で意思決定について実質的な影響力を持っている人などがそれにあたります。この組織内のインフルエンサーをいかに攻略するかが、特にBtoBの営業では重要になります。

具体的には、こんな感じです。理央リースの営業マンが、E社の窓口であるFさんに「うちのコピー機は性能もいいし、経済的でもありますよ」とアピールする。Fさんは決定権がないので、課長のGさんに情報を上げる。その話を検討するGさんはオフィス什器《じゅうき》に詳しいHさんに「これ、どうかな」と聞いて、「いいんじゃないですかね」と答えたら、部長のIさんに決裁を仰ぐ……。

この際、E社のインフルエンサーはHさんです。この人に、理央リースの営業マンは、直接的にしろ間接的にしろ、なんとか話を聞いてもらったり好印象を抱いてもらえたりすると、成約しやすくなります。

そして面白いのが、**組織内のインフルエンサーは「肩書きだけ」では決まらない**ところです。情報通、人望のある人、陰の実力者……。優秀な営業担当者は、このインフルエンサーを見つけるのが実に上手なのです。

影響力のある人に「大使」になってもらう

人に対して強い影響力を持つインフルエンサーを見つけたら、次に大切なのは、その人に自分のファンになってもらうことです。

たとえば、ＳＮＳで影響力のあるＡさんが私の良き理解者で、私の情報を率先してみんなに広めようとしてくれている人だとします。このような存在をマーケティングでは**「アンバサダー」**といいます。

アンバサダーとは、日本語に訳すと「大使」です。よく芸能人が自分の故郷の自治体から「観光大使」に任命されて、その土地の魅力をアピールしていますが、そういう存在のことを指しています。

この「大使」の存在がありがたいのは、人を介することで情報の信頼性が高まるからです。

私がＡさんの先にいるＢさんに、「私が今度出した本、面白いから買ってください」と売り込むよりも、Bさんに信頼されているAさんが「理央さんの本、面白かったです」という投稿をSNSにしてくれたほうが、Bさんは読む気になってくれます。

もちろん、これはインターネット上のコミュニティだけではなく、営業にも当てはまります。だから、インフルエンサーのような、ネットワークのハブになっている人、影響力のある人にアクセスし、自社の商品、そして自分自身のファンになってもらうことが大切なのです。

自社の商品やサービスを取引のない顧客に信じてもらうには、**人を介して客観的な意見をもらって、それが顧客に伝わるようにする**。そうすることで信頼性が高まります。

ソリューション営業とは違ったアプローチが必要

顧客を絞ったら、次にやることとは、その顧客の期待を超えることとは何か、それを考え抜いて絞り出すことです。

先に説明したソリューション営業は、顧客が抱えている課題や問題を徹底的にヒアリングして聞き出し、その解決策を提案することでした。

けれども、多くの情報が簡単に手に入るようになった今、顧客は自分自身で勉強し、自分自身の力で解決策を探ることが容易になりました。顧客の目の前にある課題、顧客自身が認識している問題を解決しても、顧客の心に響かなくなっています。顧客の期待を超えることを提案するのは、簡単なことではありません。ですから、これまでとは違ったアプローチが必要になります。

マーケティングでは、顧客のニーズに応えること、ニーズ志向で考えることが大切だとされています。「ニーズ」とは、言うまでもなく「顧客が求めていること」です。

一方、ニーズと対比的に使われる言葉に「シーズ」があります。シーズとは、自社が持っている技術やノウハウ、アイデアといった他社にはない強みで、まさにビジネスの種（seeds）となるものです。

マーケティングにおいて、顧客のニーズに重点を置き、ニーズを満たす商品を作ろうとすることをニーズ志向、逆に、自社の持つ技術やアイデアで「こんなものを提供したい」という思いから商品を作ることをシーズ志向といいます。

ニーズ志向の商品は、顧客の求めるものに応えた商品ですから、顧客はそれなりに満足するでしょう。一方、シーズ志向の商品は、目の前にいる顧客のニーズを満たすものではありませんが、顧客自身が気づいていない潜在的ニーズを掘り起こす、画期的な商品になる場合があります。

ニーズ志向では、顧客の期待を超える商品は生まれません。なぜなら、顧客は自分が想像できる範囲でしか商品をイメージできないからです。

これは、営業でも同じことです。顧客の期待を超えることを提案したいのならば、**顧客が問題だと認識していないこと、価値が得られると気づいていないこと**、つまり、潜在的なニーズを掘り起こすことがポイントになります。潜在的なニーズを掘り起こし、自社の強みを活かした提案をする。それが重要なのです。

製パン会社を喜ばせた「思いもよらぬ逆提案」

ある製パン会社が、新商品としてラスクを開発したときのことです。私はマーケティング・コンサルタントとして参画しました。

このときは、商品のパッケージからチラシ、ポスターといった広告宣伝物まで、すべてをゼロから作らなければなりませんでした。この製パン会社にとっては初めての経験で、何をするにも手探りの状態でした。

チラシなどの広告宣伝物を作るとき、往々にして商品をドカーンとただ大きく載せただけの、他社と違いのないデザインのチラシを大量に刷ってしまったりします。それで、結果的には、売り上げにつながらない、ということがよくあるわけです。

というのは、専門の広報・宣伝部署を持っていたり、広告代理店のクリエイティブ部門に仕事を発注できたりという一部の大企業を除いて、多くの会社、店舗では、どういうプロセスでチラシが作られるのか、どういうところが肝になるのか、といったノウハウを持っていないからです。

そのため、自らカメラマンに依頼して商品撮影をしたり、センスのいいデザイナーを探してきて、デザインをお願いしたりするのも難しいのです。

このとき、問題は2つあって、ひとつは、外注に出せばそのぶんお金がかかるということ。もうひとつは、カメラマンやデザイナー、印刷会社と意思疎通をはかったり、彼らを上手にコントロールしたりができないということです。

そんなとき、T印刷という印刷会社の営業担当者が、「うちは社内にクリエイティブスタッフがいるので、撮影からデザインまでクオリティの高いものが提供できます」という提案をしてきました。

T印刷には、社員として女性クリエイティブ・ディレクターとカメラマンが在籍しており、社内にはスタジオもあるのだと言います。それほど大規模でない印刷会社で、自社スタジオを持ち、社員としてクリエイティブスタッフを抱えていることはあまりありません。これがT印刷にとって大きな強みであるわけです。

営業担当者は、商品撮影からパッケージのデザイン、チラシやポスターまで、一気通貫で作製することが可能だと言います。

「キーになるビジュアルを使って、包装紙とチラシのデザインに統一性を持たせることもできます」「自社ですべて行うので、スケジュール調整やコスト管理も一括でできます」といったことまで提案してきました。

この製パン会社は、これまでトータルにクリエイティブを製作した経験がなかったので、最終的には、高いお金を払って広告代理店にお願いするしかないのではないかと考えていました。ですから、**「印刷会社でそこまでできるの？」**と驚いたわけです。

クリエイティブスタッフがいたり、スタジオがあったりすることは、機能的価値になります。一方、情緒的価値は、デザインの良いものができること、デザインや撮影を外注に出さずに済むのでコストが抑えられること、撮影から印刷まで一気通貫で行うので短納期でできることです。

この三拍子そろった価値を提案することで、T印刷は、製パン会社のニーズに応え、期待を超えることに成功したわけです。

顧客の先の顧客を考える

この成功事例を紹介すると、「うちの会社の現場は、顧客の期待を超えられる価値を提供できないから」と考える人がいますが、これは間違いです。

なぜ、大規模でない印刷会社がクリエイティブスタッフや設備を充実させたのか。おそらく、日々の営業活動を行っていくうえで、顧客が何に困っているのか、何を提供したら喜んでもらえるのかを真剣に考えて経営の戦略に正しくフィードバックさせていたからです。

顧客の期待を超えるものを提供したいと思うなら、やはり顧客の身になって常に考え続けるしかありません。**顧客のビジネスは何か。顧客の先にいる顧客は誰か。顧客の先の顧客は、顧客に対して何を求め、どんな期待を持っているのか。**

具体的には、優れたラスクのパッケージをデザイン、印刷すれば、製パン会社の先にいる小売り、さらには最終消費者にも価値を与えることができるのです。

これまでの商流を「サプライチェーン」と呼び、各プロセスの合間、合間にこのケースで言うところの「デザイン」や「一気通貫」といった価値を加えることを「バリューチェーン」と呼びます。それぞれの価値は、簡単に真似できないので、価格競争に巻き込まれにくくなるのです。

このように、顧客の先のもっと先の顧客、最終的にお金を出す人、使う人は誰か、そこまで考えていく。そうすることで、顧客の真のニーズを掘り起こせる可能性が高くなります。

第4章

アジを釣りたいなら海へ行け

「見える化」では足りない、「見せる化」する

顧客の期待を超えることを考えたら、次にやらなければならないのは、「❸動く」ことです。

人は、何らかのプランを考えると、それで一仕事終わったような気分になって安心してしまうものです。

けれども当たり前ですが、プランを立てたからといって、それが自動的に実行されるわけではありません。重要なのは行動に移すことです。実際に行動しない限り、何の成果もあげることはできないのです。

営業という仕事が難しいのは、常に「相手」があってのことで、こちらのプラン通りには思うように動けないということです。ですから、もちろん個別の営業担当者の努力も重要ですが、組織として正しい業務のループを作っていくことが大切になります。

ここでは、「❶知る」「❷超える」のプロセスを経たうえで、どうやって「❸動く」

ための具体的な指針に落とし込んでいくかを考えていきます。

以前、私のマーケティング講座に外資系ホテルチェーンの方が参加されたことがあります。そのときにこんな悩みを話しておられました。

「おもてなしの重要さが大切なのは従業員全員がわかっているはずなのですが、実際にはなかなか動けていないので、困っています。どうやら、一人ひとりが持っているノウハウが、それぞれの中だけに溜まってしまっているようなのです。毎日ミーティングで報告し合っていますが、それだけでは十分ではないようです」

このホテルでは、従業員が持っている接客・接遇のノウハウや気づきを、ミーティングで報告し合うことで「見える化」させていました。つまり、1人の頭の中にある抽象的な「暗黙知」を、他の従業員に開示することで「形式知」にしているわけです。

けれども、それだけでは十分ではありません。**ノウハウを「見える化」したら、今度はそれを組織全体に「見せる化」する**ことが重要です。

一人ひとりに分散して蓄積されていたノウハウを開示して「見える化」し、その情報を統合して共有し、活用する。そして、そのノウハウを全員の手でバージョンアップさせていく。それが「見せる化」です。

個人の手腕に頼るのではなく、ノウハウを組織ぐるみで共有し、磨いていくことで、全体の底上げを図る。つまり、**暗黙知を形式知にし、集合知にまで高めていく**わけです。

たとえば、ホテルのベルスタッフが、ミーティングでこんな話をしたとします。

「エントランスの車寄せでドアサービスをするときに、左ハンドルの車のお客様と、右ハンドルの車のお客様とでは、自分はお迎えする立ち位置を変えています」

すると、それを聞いたレストランのウェイターが、料理をサーブするときに、左利きの客と右利きの客とで、サービスの仕方を変えてみてはどうかと気づくことができます。ベルボーイの気づきが活かされたわけです。

そして、レストランで成果があがったら、他に活かせるところがないか、全員で考えるのです。

トップセールスが、ダメ上司になる典型パターン

成績優秀の営業担当者には、「営業が天職」と誰もが認めるような天才型がいます。

こういうタイプの中には、感覚的に行動しているだけで、自分の頭の中にあるノウハウや顧客対応の勘どころについて、論理的に他人に説明できない人もいます。暗黙知のまま溜め込むだけで、形式知にできないわけです。

けれども、この天才型の人はトップレベルのセールス実績をあげるわけですから、当然、人より早く昇進してマネジャー職になるケースが多いでしょう。

名選手が必ずしも名監督ではない、というのは営業の世界でも同じです。

プロローグで、努力の投入量で成績をあげてきた営業担当者がマネジャーになると、部下にも努力を強いることが多いと説明しましたが、センスで成績をあげてきた人の場

合は、自分自身の営業のやり方が実は統合的・戦略的であっても、それをうまく説明できないため、場当たりの指示になってしまい、部下の成長につながらないケースがあります。

営業の活動は、どんなに全体の戦略が顧客の期待を超えるものであっても、効率的・効果的に動けなければ、結果を出すことはできません。式に表すとこうなります。

営業の成績＝戦略×戦術×努力の投入量

ここでの戦略とは、これまで説明してきた「顧客の期待を超える」ための考え方です。

戦術とは、それこそ「セールストークの始め方」「顧客の気持ちの読み方」「クロージングのタイミングのはかり方」など、それこそ個別のテクニックになります。

この中には、「効率的な顧客訪問の組み立て方」といった努力の投入量を左右するような思考も含まれます。

天才型の営業担当者は、「営業の成績」を決める式において、戦略と戦術を最適化（最大化）する能力に長けている人々なのです。

営業の天才は自ら考え抜いて、優れた戦略と戦術を身につけるのですが、その思考のプロセスが無意識だったりもするので、他人に体系だって説明することができない場合があります。

そして、うまく指導できないために、部下の成果がなかなか上がらないことに歯がゆさを感じます。すると、箸《はし》の上げ下ろしを細かく指示してしまいます（指導ではありません）。

「お前の顧客訪問のスケジュールはおかしいぞ。A社、B社、C社の順でまわったほうが効率がいいじゃないか」

「そんなに成約を急ぐんじゃないよ。あのお客さんはまだ納得してないんだから、むしろ判断の助けになる材料を豊富に提供しろ」

「あの会社の部長は、挨拶をこまめにして話を聞いて差し上げないとダメなんだよ……」

あるいは、部下に「センスがない」と感じた場合は、努力の投入量を増やすことによって、成績を向上させようと指示することもあるでしょう。

いずれにしろ、それぞれの指示は、状況に即して正しいものだとしても、それが普遍化されていなければ、個々の営業担当者は、いちいち指示を仰がなければならなくなります。

もし、この天才営業の頭の中のノウハウを、アプローチから商談の進め方、クロージングの仕方まで言葉で明確にして、組織ぐるみで共有し、活用できたら、そして、最終的に各営業担当者がそれぞれのやり方や自分の「型」を作ることができたら、確実に組織全体を底上げできるはずです。

ですから、**組織内に共通の「型」を持つ**こと、そしてそれを活用できる仕組みを作ることは、組織全体の営業力アップと人材育成にもつながっていくわけです。

自分の型に落とし込む

課長、部長といったリーダー職にとって、もっとも大事なことは、部下を引っ張っていくことです。かのドラッカーも「部下をやる気にさせることが上司の最大の仕事である」と言っています。

リーダーの仕事は、部下個々人の強みと弱みを把握し、成果をあげられるように方向付けをしてあげることが必要になります。

まずはトップセールスの頭の中にあったノウハウを「見える化」したら、そのやり方をそのまま実行するのではなく、「**自分だったらどうするか**」と、常に意識することが重要です。形式知化した「型」をそのまま使うのではなく、自分の強みを活かせる「自分の型」にする必要があるからです。それが「見せる化」です。

私は、大学院で学生にマーケティングを教えています。学生は卒業したら就職するわけですが、希望する就職先は人によってさまざまです。同じマーケティング専攻であっても、コンサルティング会社に行きたいという人もいれば、外資系メーカーでブランド・マネジャーになりたいという人もいます。

私はいつも、最初の講義で学生の希望就職先を聞いておくことにしています。そして、理論を教えたり、ケーススタディを行ったりしたあと、それをアウトプットするときに、各学生のキャリアプランに合わせた答えを求めるようにしています。

そうすると、同じ理論を学んだとしても、学生によって答えが変わってくるのです。

営業のリーダー職もこれと同じです。組織の中で「型」を共有したら、部下が自分のやり方に落とし込んで使えるように工夫させる必要があります。「型」はベースとなるものであって、部下が自分の強みを発揮できるようにアプローチを変えて使ってこそ、成果を生み出すことにつなげられるわけです。

それには、日ごろから部下一人ひとりの能力や行動傾向などを的確に把握しておく必要があると思います。

できる人の「頭の中」を誰もが見られるようにする

一橋大学名誉教授・野中郁次郎氏が提唱した理論に、ＳＥＣＩモデル（セキ・モデル）というものがあります。

これは、共同化（Socialization）、表出化（Externalization）、結合化（Combination）、内面化（Internalization）の頭文字をとったものです。

知識は、経験と論理によって作られるものであり、経験から培われる知識を暗黙知、論理によって形作られる知識を形式知とすると、この2つは絶えず相互作用しており、その相互作用の中で知識が創造され、組織化されていく。

そのプロセスをフレーム化したのが、ＳＥＣＩモデルです。

知識の創造プロセスには、4つの段階があります。

まず、個人の頭の中にある暗黙知を、他のメンバーと共通の体験をすることで共有します。これが「共同化」です。

次に、メンバー同士で対話や思索を重ねることで、暗黙知の背後にある本質を捉え、それを言語化して形式知にしていきます。これが「表出化」です。

さらに、形式知を他の形式知と結びつけたり編集したりして、体系化していきます。これが「連結化」です。

こうして体系化された形式知をもとに、それぞれが行動・実践し、自らのノウハウとして体得する。そして、それを内面に積み上げていくことで暗黙知化する。それが、「内面化」です。

そして、その内面化された暗黙知を再び「共同化」していく。

そうすることで、集合知、組織知へとつながっていくわけです。このプロセスは、循環しながら高まっていくので、「知識創造スパイラル」とも言われています。

自分で自分の上司になってしまう

ここまでお読みになって、「自分はマネジャーじゃないから、見せる化を説明されても意味はない」とお考えになる方もいるかもしれません。しかし、ノウハウの

「見せる化」や知識創造のプロセスは、見方を少し変えるだけで、現場の営業担当者にもとても有効です。

世の中には、「仕事ができる人、できない人」がいます。そして、「仕事ができる」と周囲から見られる人は、これまで説明したセンスのある人、努力が続けられる人などですが、いずれにしろ彼らに共通するのは、「**成功に再現性がある**」というところです。

一方で、「**失敗に再現性がある**」人もよく見かけますが、彼らは「できない人」と認識されてしまっています。

では、成功と失敗の再現性は、どこから来るのでしょうか。それは、自らの経験を抽出して、汎用《はんよう》性のある（さまざまな状況で使える）ノウハウとして血肉化しているかどうか、の違いになります。

先に、天才型の営業の人には、うまく他人にノウハウを伝えられないことがある、と書きました。しかし、これだけでは誤解を招きそうです。彼らには、説明能力が不足していたとしても、繰り返し成功している人であれば、頭の中ではノウハウは体系化されています。

たとえば、天才型と周囲から見られているマネジャーから具体的な指示を受けた場合、「なぜそうやるのですか？」と聞いてみてください。たいていの場合は**行動の裏付けとなる論理**があります。

皆さんも聞いたことがあると思いますが、日本の芸事や武道でよく「守破離」という言葉が使われます。師匠の教えてくれた基本を守り、それを自分に合わせて破って型にし、最終的にはそこから離れて自由に動く——。これが達人になるプロセスです。

仕事ができる人は、この「守破離」を誰に教わるともなく、自ら実践できているのです。

ここで、本章での説明を振り返れば、「見える化」「見せる化」して形式知化された知識を習得し、その基本を自らの「型」に合わせ、自分のものとしていくプロセスとまったく同じです。

営業の仕事に従事するということは、毎日、顧客という先生と向き合えていると考えられます。

毎日、仕事をしていれば、どういうケースで、どういう顧客に、どういう対応をすると成功した、失敗したというケーススタディに向き合うことになります。その際に、「ああ、よかった」「いやあ、残念だった」と流していては、汎用性の高いノウハウに昇華していきません。

大切なのは、個別のケースで「なぜ成功したのか」「なぜ失敗したのか」を突き詰めて考え、さらに他のケースに応用可能な教訓として、自ら「見える化」、そして「見せる化」することなのです。

継続して仕事ができる人が、自分なりのノウハウを文字に書いたり、パソコンでデータベース化していたりするとは限りませんが、頭の中でいつでも使える引き出しにしまっていることは間違いありません。

この際、「上司が教えてくれないから」と愚痴る前に、自分で自分の上司になったつもりで、営業の仕事をしていて蓄積されたノウハウを自ら「見せる化」してみることをお勧めします。

最優良顧客は、誰が担当すべきなのか

ノウハウの「見せる化」と同時に大切なのは、誰がどの顧客を担当するのかという戦術になります。

リーダー職が目指すのは、組織のパフォーマンスの最大化です。組織のヒト、モノ、カネをどのように配分すれば効率的に成果をあげられるのか、どんな顧客を攻めるのか、どんな商品を売っていくのかをしっかり考える必要があります。

この場合、先にご紹介した「成長マトリックス」を思い出してください。新規顧客に新規商品を売り込むというもっとも難易度の高いところに、どの部下を担当させるのか。既存顧客に既存商品を売る場合、そこにはエース級を投入すべきなのか。あるいは、経験を積ませるために、あえて若手に担当させるのか。

やってしまいがちなのが、優良顧客をエースに担当させてしまうことです。

世間でよく言われる「80：20の法則」をご存じでしょうか。ビジネスにおいて、

売り上げの80パーセントは、全顧客の20パーセントを占める優良顧客によって生み出している、というものです。

この法則で言うところの、売り上げの8割を占める、2割の大事な優良顧客に、万全を期して、営業部一のエースをあてたいと考えるのは、当然のことかもしれません。けれども、私は、そこは準エースでよいと思います。

ルートセールスで、準エースを成長させる

酒造メーカーの営業を例に考えてみましょう。

A社のビールを置いている大手居酒屋チェーンがあったとします。この大手チェーンはA社にとっての最優良顧客です。売り上げ、利益率ともにダントツです。

この大手チェーンに、ビールをもっとたくさん入れてもらうために営業に行く。これは既存顧客に既存商品を売る、いわゆるルートセールスになります。

さらに、たとえば、この大手居酒屋チェーンから、「最近女性のお客様が増えている」という話を聞いたら、ワインを入れてもらうように営業する。これは、既存

顧客に新規商品を売ることなので、これもルートセールスの仕事になります。

もちろん業務レベルの低い担当者をつけて、大事な顧客を相手に失敗続きとなるのはリスクが高まりますから、これは絶対に避けなければいけません。

この場合、仕事を確実に進められ、顧客の信頼を維持できるレベルの仕事ができる準エース級を担当につけるのが合理的です。さらに最優良顧客の場合は、営業担当者が一緒になってキャンペーンなどを考案する必要があるため、**準エースをエースにするための良い訓練**の場にもなります。

一方で、ライバルのB社がシェアをほぼ独占している大手居酒屋チェーンがあったとします。そして、A社はそこに自社商品を入れていきたいと考えたとします。

そうすると、これは新規顧客に新規商品を売ることになります。大手チェーンですから、この顧客が取れれば売り上げに大きく影響します。とても難易度の高い仕事です。

したがって、ここにはチャレンジ精神を持っているエースを担当させるという方策が考えられるのです。

外資系でも、かわいい部下には「おいしい顧客」

私は以前、外資系たばこメーカーで、ブランド・マネジャーとして勤務した経験があります。

たばこメーカーの場合、主な顧客は大きく分けて3つあって、❶コンビニエンスストア、❷大手流通、そして、❸街のたばこ販売店です。

コンビニや大手スーパーのような大口の重要取引先を「**キーアカウント**」と呼び、そこの法人窓口は、やはりエース級が営業を担当していました。取引量の多寡によっては、市場をひっくり返すほどの大きな仕事を任せることになります。

一方で、たばこ販売店に対する営業は、大体1人で300店舗ほど担当することになるのですが、ほとんどの場合、既存商店に既存商品、あるいは、既存商店に新規商品を売るルートセールスでした。ですからここには、準エースをあてていました。

大手スーパーでも、たとえば最近自分の担当エリアに外資の量販店が進出してきた、まだ取引がなくてうちの商品は入っていない、という場合、これは新規顧客に新規商品を売ることになりますから、ここには、こじ開けられる能力のある人が必要になります。

これは新規のキーアカウントですから、営業担当1人に任せるのではなく、当然、会社一丸となって取りに行くわけですが、こういう場合もやはりエース級に担当させていました。

余談ですが、担当業務についての考え方は、外資系企業と日本企業とではかなり異なります。外資系は、まずポジションありきで人を採用します。仕事が中心にあって、そこに適任者をあてる、という考え方です。ですから、任される役割や業務内容が明確で、即戦力としての活躍が求められます。

一方、日本企業は人に対して最適な仕事をあてます。人が中心なのです。これは、変わりつつあるとは言っても、終身雇用、年功序列制度が基本にあるためで、人材に対して、目先の成果だけでなく、5年先、10年先を見据えて教育していこうという考え方からです。

ですから、個人でというよりも、組織全体で成果をあげようとします。

日本企業は、協力し合って底上げしようとしますが、外資系は「誰がやってもいいから、とにかく数字を上げろ」という考え方をします。ですから、外資系の場合、「できる人」にはどんどん仕事が集まっていきます。

もうひとつ、外資系企業の特徴を挙げるとすると、日本企業と比べて、部署のトップの権限が非常に大きいということがあります。

たとえば、人材が欲しい場合、人事部はヘッドハンターや人材紹介会社を通じて候補者を連れてくるだけで、採用するかどうかを決めるのは部署のトップです。人事部は介入しません。

よくあるのが、元外資系勤務の人をヘッドハンティングして部署のトップに据えた場合、その人が元の会社にいた部下を引き連れてくるというパターンです。自分を慕ってついてきた部下は当然かわいいですから、成果をあげさせてやりたいわけです。

ですから、その部下には、難易度が低いけれども大口の注文が取れる顧客を担当させる。もともとその会社にいた人間は冷や飯を食わされる、といったようなことが日常的にありました。一般に、「外資系は実力主義」というイメージがありますが、実際には、実力のみで正当に評価が下されているわけではないのです。

上司の立場にいる人は、どういう仕事をどの部下に担当させれば、効率的に成果をあげられるのかを考えるのが合理的ではあるのですが、なかなかうまくいかないのが実情です。それは外資系も日本企業も変わらないのかもしれません。

プロの眼力を軽く見てはいけない

キーアカウントと呼ばれる重要顧客を担当する場合、1社専任になることがよくあります。この場合は、顧客にどんな商品を売るのかに注力することになります。

このとき気をつけなくてはいけないのが、**顧客は、自分よりも顧客の業界についてよく知っている**という当たり前の現実をよく認識しておくことです。

かつて私がアマゾンでマーケティング・マネジャーをしていた頃のことです。

広告代理店の専任営業マンがさまざまな企画書を持ってきて提案をしてくれました。「ああ、こんな着眼点もあるのか」と参考になるものも多かったのですが、中には、提案を受けることによって、むしろこちらの心証を害するものもありました。あるときなど、明らかに企画書の宛名を変えただけのもの、たとえば、「○○（同業他社）御中」のところを「アマゾン御中」に変えて、少し手を入れただけとわかる企画書を持って来られた業者さんがいました。他のネット通販会社に出した企画を使いまわしていたのです。

アマゾンでマーケティングをやっている私の立場からすると、インターネットによる流通については、日々勉強し、広く深い知識を持っています。企画書に少しでも目を通せば、担当者が自社のために真剣に頭を絞って作成されたものかどうかは、すぐに見分けがつきます。それに、同業同士で汎用性がある企画書は、そもそもユニークさに欠ける面があります。

おそらく、他の担当者から他社用に作った企画をまわしてもらったのだろうと思いますが、やはりいい気はしません。使いまわしの企画書を渡されたことで、むしろ「うーん」というネガティブな感情を抱いてしまいます。そして、その感情はなかなか消えません。

相手はプロですから、他社の企画を参考にするにしても、まったく違った業態・業種の会社のものをベースにしたと明言したうえで、提案してもらったほうが参考になります。なぜなら、他の業界の成功事例については、よく知らないからです。たとえばこの場合であれば、自動車業界とか飲食業界とか、他の企画事例を教えてくれると嬉しいわけです。「自動車業界での成功事例を御社に当てはめて考えてみました」といった企画書を持って来てもらえれば、興味を持ったはずです。

キーアカウントの専任営業となると、つい顧客に甘えてしまって、気の緩んだ仕事をしてしまうことがありますが、先にも説明したように顧客との特別な関係だけで取引を続けていると、すぐに競合にひっくり返されてしまいます。

緊張感を維持して仕事をする必要があると、肝に銘じなければなりません。

「やる気」と「スキル」で分類してみる

リーダーは、自分の部下一人ひとりの能力を明確にして、それぞれどの顧客を担当させるのが効率的か、戦略的に考える必要があります。業務の内容から考える手もありますが、部下の資質から考えていく方法もあります。

自分の部下を大雑把に把握するためのフレームワークとしてよく使われるものに、「Will-Skill マトリックス」というものがあります。「やる気（Will）」と「スキル（Skill）」の2つを軸にして整理する分類法です。

縦軸に「やる気」、横軸に「スキル」をとると、「やる気もスキルも高い」のがAクラス（スター）の人です。つまりエース級の人材です。「スキルが高く、やる気が低い」、あるいは、「やる気が高く、スキルが低い」、この2つはBクラス（頭でっかち、見込みあり）にランク付けします。この人たちは、準エース的存在になります。そして残りの「やる気もスキルも低い」人はCクラス（残念くん）です。

スターは誰だ？

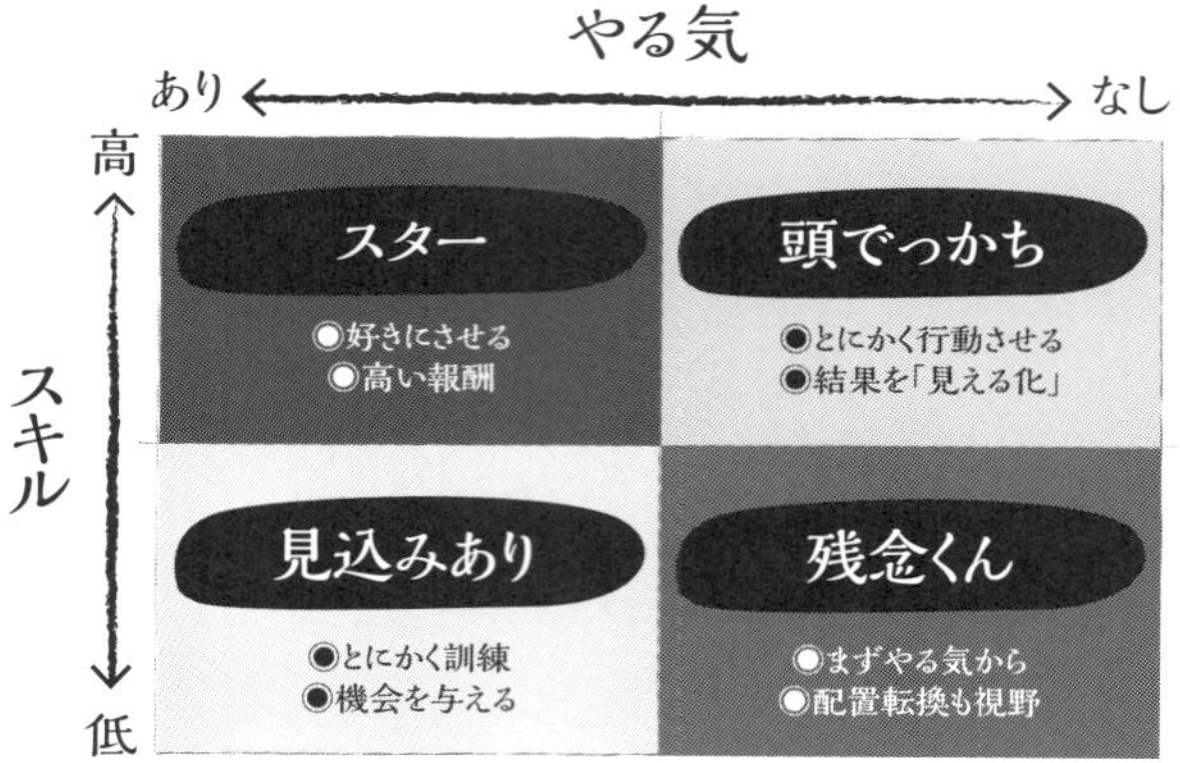

※ハーバードビジネスレビュー 2012年12月号を参考に作成

次に、顧客について考えます。RFM分析をして、マトリックス化してみます。

縦軸に購買金額、横軸に購買頻度をとると、「最近、たくさん買ってくれた顧客」が優良顧客です。ここには、Bクラスの準エース的存在の営業マンをあてます。「たくさん買ってくれるけど頻度は少ない顧客」「量は少ないけれど最近買ってくれた顧客」。この中で難易度が低そうな顧客は、Bクラス、もしくはCクラスの人に担当させます。

最後に、「昔買ってくれたけれど、

量が少ない顧客」、あるいは、「まったく買ってくれたことがない顧客」。ここはほぼ新規開拓になりますから、エース級の担当者をあてます。

このように、部下と顧客、両方をマトリックス化して、組み合わせてみると、わかりやすくなります。

ちなみに、部下の指導法としては、Aクラスの人には、余計な指示はせず、すぐにリーダーにするか、ある程度の権限を持たせます。

次は、Bクラスの人です。「スキルは高いのにやる気がない」のなら、やる気が生まれれば、将来的にAクラスになる可能性もあるので、リーダーが積極的に関与して、ある程度の指示を与える必要があります。次に、「やる気はあるのにスキルがついてこない」（この人材が一番多い）場合には、営業先に同行するなどして何が足りないのかを把握し、指導します。

最後に、「スキルもやる気もない」Cクラスの人。リーダーは徹底的に指示をして、仕事の成果に結びつくようにリードするべきです。

よほどの人でもない限り、ある程度の結果が出せれば、本人にもやる気が出てくるはずです。そうすれば、「やる気はあるのにスキルが低い」のレベルまで向上する可能性も出てきます。

できる営業マンにも、苦手な人は必ずいる

マトリックスでは、部下の資質を大雑把にしか捉えられませんが、リーダーは、これを参考にして、部下のさまざまな特性でメンバーのポートフォリオを組んでみます。ただし、実際に担当を決めていく際には、より細かな面にも注目していきます。

このときに気をつけることは、必ず軸を顧客価値にすることです。会社側の都合にしてはいけません。

会社側の都合というのは、自社の人繰りの都合を中心に担当顧客を決めてしまうことです。

ありがちなのが、顧客、あるいは見込み客をランク付けし（それ自体は間違っていませんが）、戦略的・戦術的な視野を持たずに、優良客からエースをあてがっていって、残った顧客に「まあ、このあたりの客なら、こいつでいいだろう」と深く

考えずに担当させることです。

これは顧客にとっても、現場の営業担当者にとっても、不幸の原因になります。なぜなら、どんなに優秀な担当者といえども、やはり人間です。先方との相性は必ずあります。最重要ターゲットにはAクラス、既存優良顧客にはBクラスなどというように、機械的にあてはめていくと、営業担当者、顧客側の担当者の間でトラブルの原因になりかねません。

やる気と能力で大別して、RFM分析の結果を当てはめていくのは、あくまで大まかな傾向をつかむためだけです。

実際に、個別に担当を割り振っていく場合には、顧客の特性によって、顧客の気持ちを察する能力だとか、誠意やスピード感といった、顧客に対して価値になるものは何かを考えなければなりません。

たとえば、縦軸に、顧客の気持ちを察する能力、横軸にスピード感をとったとします。上に行けば行くほど顧客の機微を理解できる人、右に行けば行くほどスピード感を持って顧客の要望に対処できる人など、軸はさまざまです。

こうして、きめ細かく性格や能力などの特質を考えながら、営業担当者の性質、特質を把握します。そうしたら、顧客の特質、先方担当者の性格なども考えながら、最適な担当者をあてるようにするわけです。

目標はSMARTで考える

先にも書いたように、営業という仕事は、結果だけが重視されます。プロセスでどんなに頑張っても、結果が出せなければ意味がありません。そこで目標設定の仕方も重要になってきます。

目標を設定する際に気をつけるポイントは5つあります。

ひとつ目は、目標を具体的にするということです。明確な数値を設定し、期限を設けるようにします。たとえば、「今期は女性向け商品の売り上げを3割アップします」「10月までに成約率を50パーセントにします」などを目標にするのです。目標を絵に描いた餅にしないためには、いつまでに何をやるのか、目に見えるように具体性を持たせることが大切です。

2つ目は、目標を立てたら、その目標が達成できたかどうかを計測できるようにする、ということです。何をもって達成とするのか、その指標を最初に明確にしておくのです。「女性向けの商品の売り上げを3割アップする」という目標なら、それに対して達成率はどれくらいなのかがわかるように、具体的な指標を用いて客観的に判断できるようにします。

3つ目は、目標は達成可能なものにする、ということです。あまりにも現実からかけ離れた目標を立ててしまうと、「こんなのできるわけないよ」と、だんだんモチベーションが下がってしまうからです。そうかといって、簡単にクリアできるような目標では意味がありません。適度なチャレンジが必要になる目標がいいでしょう。

4つ目は、きちんと仮説を立てて、根拠が明確な目標にする、ということです。「女性向けの商品の売り上げを3割アップする」という目標なら、なぜ3割増にするのか、その理由も明確にするべきです。「広告費を倍にするからです」とか「市場が3割以上拡大しているので、目標も3割増にするのです」など、「なぜなら」の根拠をはっきりさせておくことが大切です。

最後は、いつまでにその目標を達成させるのかをしっかり決めるということです。いつまでに何をやるのか、タイムラインをはっきりさせるのです。そうしなければ、目標達成までのスケジュール設定や計画策定ができないからです。

これら5つをまとめると次のようになります。

❶目標は具体的でなければならない：Specific
❷目標達成は計測可能でなければならない：Measurable
❸目標は達成可能でなければならない：Achievable
❹目標は合理的でなければならない：Rational
❺目標は時間が定まっていなければならない：Time conscious

この5つの英語の頭文字をとって、「SMARTの法則」といいます。

曖昧な目標設定をしていては、次の行動に結びつきません。5つのポイントを押さえて、目標を実現できるものにする。そうすれば、チームが一丸となって取り組めるようになります。

厳しい顧客のほうが契約してくれる？

具体的な行動の指針として、営業の担当者は、自分が持っている営業資源をどう配分すれば、自分のパフォーマンスを最大化して売り上げをあげることができるか、しっかり考える必要があります。

どの顧客にどれくらいの頻度で営業をかけるのか、自分の持っている時間をどう配分するのか、どういう経路で商談に行くのか、といったことは、多くの営業担当者が経験などを背景に、ある意味、感覚で決めていたりもします。

そうすると、営業担当者も人間ですから、相性のいい顧客、行きやすい顧客を訪問する回数が多くなる傾向があります。良い雰囲気のまま商談を終えられるので、どうしてもそちらに足が向いてしまうのです。

そこで、こんな話をご紹介してみます。

顧客を、営業担当者に対して厳しい質問を出すタイプ、好意的な態度で話を聞くタイプの2タイプに分けてみます。

営業の立場からすれば、足を向けやすいのは、当然、後者の顧客ですから、そちらの契約取得数のほうが多いだろうと思いがちです。けれども、実際に契約が取れる確率が高いのは、前者の顧客だと私は思います。

厳しい質問が出るということは、営業の言うことを真摯《しんし》に受け止めて考えているからこそです。好意的な態度で聞いてくれたとしても、聞き流されていたのでは、契約にはつながりません。

皆さんも経験から考えれば思い当たることがあると思いますが、誰かの紹介で話は聞いてくれるのだけれども、基本的に**仕事を発注する意思がまったくない人は、当たり障りのない対応をする**一方で、本気で仕事を**発注することを検討している人は、話を真剣に突っ込んで聞く**ので、厳しいように感じられることがあります。

ですから、過去に契約が取れた顧客はどんなタイプだったのかを、感情的な印象を排して、実績から考えてみるのがいいでしょう。

顧客を分析するときは、その顧客がどういう性向の持ち主なのか、どのように意思決定するタイプなのか、社内ではどういう地位で、どれだけの権限を持っているのか、といったことも重要になります。

これらの要素を洗い出して分析することで、自分の得意とする顧客や営業パターンが見えてくるはずです。

売りっぱなし、失敗しっぱなしにしない

自分の得意とする営業パターンを知るには、日ごろから、売りっぱなし、失敗しっぱなしにしないことが大切です。

契約が取れたら、なぜ取れたのか。取れなかったら、なぜ取れなかったのか。その都度、振り返って自分で分析してみるのです。

以前、名古屋広告業協会というところで、マーケティング講座をさせてもらったことがあります。そのときに、大手広告代理店の名古屋支社長を務めている方が、非常に興味深い話をされていました。

「できる営業マンは、たとえダメであったとしても、ダメだった理由をきちんとお客様から聞き出してくる」

広告の企画そのものがダメだったのか、タイミングの問題なのか、予算の関係なのか。ダメだった理由がわかれば、ダメだったことが次に活かせる可能性がありま す。タイミングの問題であれば、また別の機会に再度チャレンジすればいいですし、企画や予算の問題ならば、次にそれを練り直せばいいわけです。

ですから、売りっぱなし、失敗しっぱなしにしないで、きちんと反省する。そしてそれを見える化、見せる化して、組織で共有することが大切だと思います。

頭はいいのに売れないのはなぜ
――顧客を読む前に、空気を読む

外資系たばこメーカーでブランド・マネジャーをしていた頃、新商品を発売したり、キャンペーンを打ったりしたときなどは、私も、個別の営業担当者に同行して、よくたばこ販売店をまわりました。

このときも、営業担当者の個性によって成果はいろいろです。この成果を出せる、出せないというのは担当者の能力によるのですが、**知識・教養・戦略性などとは関係のないところで違いが出る**のが興味深い点です。

たばこの営業というのは、たいていは、担当するエリアのたばこ販売店をまわる、いわゆるルートセールスです。たばこ販売店は、店頭でもたばこを売ってはいるものの、多くの場合、定番銘柄などは、店先に自動販売機を何台か置いてそこで売っています。1台の自販機で、かなりの数の銘柄を並べることができます。

飲料の自販機の場合は、1台に同じ飲料メーカーの商品しか置かないのが普通です。1つの自販機でコカ・コーラの隣にペプシが並ぶことはまずありません。けれども、たばこの場合は違います。たとえば、JTがたばこ販売店に自販機をリースしていたとしても、JT以外の外資系たばこメーカーの銘柄も並んでいることが多いのです。

この場合、自販機にどんな銘柄を並べるかを決めるのは販売店です。ですから、営業担当者は、1つでも多く自社の銘柄を置いてもらおうと陣取り合戦をする。それが、たばこメーカーの営業の仕事です。

多くのたばこ販売店は、たばこだけではなく、飲料や雑誌、日用雑貨なども扱っています。ですから、日中は、顧客はもちろん、納品業者や営業マンも入れ代わり立ち代わりやってきて、結構忙しいのです。

そんな中、私が同行したとき、まったく空気を読まずに、ズカズカと入り込んでいく営業担当者がいました。販売店の店主が忙しそうにしているのに、

「今度新商品が出るのでサンプル持ってきました」

こんなふうに一方的に営業トークをし始めるのです。

そうすると、「じゃあ、そこに置いておいて。入れるかどうか、あとで電話する

から」と、けんもほろろな応対をされて、帰されてしまうわけです。

これはとてもわかりやすい例ですが、**優秀な営業担当者は、状況察知能力、つまり空気を読む能力に長けていて、顧客の微妙な雰囲気、間合いに即したセールスができる**のです。これは先ほども述べたように、経験を自らのノウハウとして頭の中に入れているから、と理解できそうです。

言葉より大切なものがある

では、優秀な営業担当者は顧客の何を見て、うまく空気を読んでいるのでしょうか。

ジェスチャーや表情など、言葉以外の手段によるコミュニケーションを「非言語コミュニケーション」と言いますが、言葉よりもむしろこちらのほうに、相手の本心が表れる場合があり、それを察知する能力が高いのです。

非言語コミュニケーションの重要性を説明する際、よく挙げられるものに「メラビアンの法則」があります。

これは、アメリカの心理学者、アルバート・メラビアンが1971年に提唱したものです。メラビアン博士が、話し手の身振りが聞き手の受け止め方にどんな影響をもたらすのかを実験し、測定したところ、**話し手の印象は、顔の表情や声の大きさ、テンポなどの非言語の要素でおよそ9割決まってしまう**、ということがわかったのです。

この実験は限られた条件下で行われたものなので、必ずしも結果を鵜呑《うの》みにはできません。言葉よりも非言語の要素のほうが、常に影響が大きいというわけではないからです。

けれども、相手の伝えたいことを正確に理解するためには、非言語の要素も合わせて、相手の話を読み取る必要があります。

逆に言うと、自分の話がどのように相手に伝わっているのかを知ることも大切です。

一度、自分が行っているコミュニケーションの言葉以外の要素、表情や声のトーン、身振りなどをチェックしてみるといいでしょう。同じ「ありがとうございます」でも、言い方によって、相手への伝わり方は180度変わります。

そういうセルフチェックを繰り返すことで、顧客により伝わりやすい、好感度の高い営業トークができるようになるはずです。

いずれにせよ、重要なことは、顧客が何を考え、何を求めているのかを敏感に察知することです。それには、顧客のことを真剣に考えること、自分が相手の立場だったらどうするか想像することが大切なのです。

お客さんにコンタクトするタイミングが重要

顧客といつコンタクトをとるか、そのタイミングをつかむことも重要なポイントです。

既存顧客であれば、注文履歴から、何を、いつ買ったのかを調べ、買い替えや補充のタイミングを狙って、コンタクトをとる必要があります。

新規の見込み客であれば、変化が起こる時期を狙うのもひとつの手です。予算策定の時期や決算期、人事異動、社内で大きなイベントを予定しているときなどは、チャンスです。決算期であれば、余った予算で買ってくれる可能性がありますし、人事異動で担当者が変わったことで、取引に持ち込める余地が出てくるかもしれません。

それには、顧客がどういう手順で商品購入を決定するのか、プロセスを把握しておく必要があります。決定権があるのは誰で、どういう経過を経て決裁されるのか。そこから逆算してコンタクトのとり方、またとるタイミングを決めるわけです。あるいは、突然、顧客の事情が変わって、商品購入の必要性が出てくるかもしれません。そうなった場合、最初に顧客に思い出してもらえる存在でいる必要があります。

そのためには、やはり**継続的に接点を持ち続ける**ことが大切です。業界ニュースや競合の動向など、顧客にとって有益な情報を定期的に届けるなどして、地道にコンタクトをとり続けるのです。

強いライバルがいたら、速やかに撤退するのもあり

自分が担当するエリアの競合の営業担当者がものすごい敏腕だったとしたら、もしくは、競合の商品やサービスが絶好調だったとしたら、どう対抗すればよいのでしょうか。

自社のサービス内容を変えたり、価格を下げたり、なんとか顧客に買ってもらおうと無理をしたくなりますが、そういうことはすべてやめたほうがいいでしょう。

ドラッカーは、「コミュニケーションは受け手によって成立する」と言っています。コミュニケーションというと、つい発信する側の「いかに思いを伝えるか」ということばかりに目がいってしまいますが、コミュニケーションというものは、受け手がいて初めて成立するものです。

営業という仕事で言うと、受け手はもちろん顧客です。ですから、顧客が完全に

競合のほうを向いてしまっているときは、こちらがどんなに良い条件を発信しても、コミュニケーションは成立しません。

ここは速やかに撤退する。そして、その業界なり市場なりの自社の立ち位置、マーケティングで言うところのポジショニングを再確認して、新たな顧客を探したり、既存顧客に購入頻度を高めてもらったりして、他の方法でカバーすることを考えたほうがよいでしょう。**今、何をすべきか、すべきでないか。競合の動向に目を光らせながら、見きわめる**ことも必要です。

こんなことを書くと、「チャレンジしないで、負けを認めろというのか！」とお叱りを受けそうですが、もちろんどれくらいの手間とコストをかければ、ひっくり返せる余地があるのかを検討するのは大切です。「難しいから、やめてしまおう」では、どんなビジネスもうまくいきません。

しかし、ビジネスは学校の部活とは違いますから、負けるのを承知で、損をするのを知っているのに続けることにはまったく意味がありません。

経済の世界では「機会費用」という言葉があります。つまり、営業担当者が自ら使える時間、手間は無限ではありません。A社という難しい顧客に無理して取り組んだために、B社という比較的容易に成約に結びつけられる顧客を獲得する機会を失っては商売が成立しないのです。

さらに、私たちが犯しがちな間違いの原因を探るために有効なものとしては、「サンクコスト（埋没費用）」という考え方もあります。

たとえば、A社という難しい顧客を説得するために、戦略を考えたり、いろいろな資料を作成したり、何度も訪問したりなど、これまで多くの時間や手間などのコストをかけたとします。

このとき、多くの人間は「簡単にあきらめたら、これまでかけた時間と手間がムダになってしまうではないか」と感じて（「考えて」ではありません）、撤退することを躊躇してしまうのです。

これまでにかけた手間や時間は、どうやっても取り返すことができません（これがサンクコスト）。

大切なのは、これから**どれくらいの手間や時間をかければ、顧客と成約できる可能性があるのか**を冷徹に分析・決断する合理的な思考です。

ドラッカーは、「難しいのは優先順位ではなく、劣後順位の決定」であるとも言っています。劣後順位とは、「なすべきでないこと」の順位です。

さらに、ドラッカーは、優先順位、劣後順位に関して重要なのは、「分析ではなく勇気である」とも言っています。ですから、時には勇気を持って、なすべきではないと決定し、撤退することも必要なのです。

無理な商品を売れと言われたら……

「売り込むのではなく、買っていただくのが営業なんだ」「お客様目線の営業をするんだ」と心掛けている営業担当者ほど、抱えてしまうジレンマがあります。

たとえば、ルートセールスで、既存顧客に新規商品を売りたい場合に、その商品がどう考えても顧客にマッチしていないと思ったときです。

一営業担当者の立場では、商品自体に変更を加えてもらうことはできません。それなのに、上司からは新商品の売上目標が課せられます。

そういうときは、個別の担当者がとるべき態度は決まっています。

まずは、言ったとおりにセールスしてみる。会社が売ろうとした決断の背景には、個別の担当者では知り得ない情報があるかもしれないし、また自分自身の判断が完全に正しいと断定はできないからです。

そして顧客には、新商品に関する有益な情報、たとえば、「この商品を使用した企業では作業効率が20パーセントアップしました」とか「業界最大手の企業からも引き合いをもらっています」といったことを伝えて商品を紹介します。

最終的に判断するのは顧客ですから、断られたら、その理由をきちんと聞いて、それを会社にフィードバックします。

仮に多くのターゲットに断られたなら、自分自身の営業力、努力が足りなかった場合を除いて（これはきちんと検証しましょう）、何らかのマーケティング的な戦略ミスが発生しているからです。

外資系たばこメーカーで働いていたとき、新商品のターゲット戦略が完全に間違っていた、ということがありました。

新商品を発売する際、マーケティング部では、必ずその商品の想定顧客像を絞ります。たとえば「20代男性、都会に暮らす会社員、週末の夜は六本木や麻布界隈のクラブに通う」といったものです。そして、その想定顧客にもっとも響く売り方を考えていくわけです。

どんな広告を打つのか、販促ツールは何にするのか、どういったセールストークをすればいいのか……。マーケティングはそれらを営業部に伝え、担当者はそのツールをもとに営業活動を展開します。

私がいたメーカーは、新商品の具体的な想定顧客に、たとえばＩＴ関連や外資系企業などで働くリッチ層をイメージし、価格も高めに設定しました。けれども実際にこの商品をよく買っていたのは、夜に飲食業界で働く人々でした。

こういうことは、往々にしてあります。営業の立場からすれば、「マーケティングのヤツらが的外れな戦略を作って！」と腹が立つかもしれませんが、ここは、やはり自分で工夫するしかありません。

顧客に喜んでもらうにはどうしたらいいか、自分が売り上げ目標を達成するにはどうしたらいいか。上司の指令は思いつきが多いですし、マーケティング部の考えたツールなどは手段に過ぎないので、自分のやり方を考えるしかないのです。

「会社がダメだからいい仕事ができない」という気持ちはわかりますが、それは営業部に限った話ではありません。顧客や会社に対してアンフェアなことをやってはいけませんし、誠意をもって仕事をするべきですが、**常に自分の基準値を持って、自分なりに工夫して動く**ことが大切なのです。

自営で働く人、起業した人を除き、多くの営業担当者は会社からの指示を受けて仕事をすることになりますが、それでも自立心を持ち続けなければならないと思います。

釣りをするなら、魚のいる海にする

商売は、よく魚釣りにたとえられます。市場を海、顧客を魚として説明するとわかりやすいからです。

魚釣りに行く場合、誰でも、まずはどんな魚を釣りに行くのかを決めるはずです。フナを釣ろうと思っている人が海へ行っても釣れませんし、アジを釣りたい人が湖へ行っても釣れません。

さらに、釣りたい魚によって、用意する道具やエサも変えなければなりません。

そして、いよいよ漁場へ行きます。ここが一番大切で、どんなに釣りの研究をしても、出かけなければ魚は獲れません。

出かける際には、狙った魚が多くいるところへ行ったほうがよく釣れるのは間違いありません。さらに、同じ場所でも、どこが一番釣れるポイントなのかを見きわめなければなりませんし、また、出かける時間帯も大切でしょう。

この一連のプロセスは営業とまったく同じです。

自社の商品を「買っていただく」ことを考える際にも、ターゲットとする顧客のニーズに合わせて、どういうアプローチをするのか、どんな商品やサービスを提案するのかをしっかり考える。

そして顧客のもとに、適切なタイミングをはかって、しっかり出かける。

こうすればすぐにバンバン買っていただけるというような奇策はありません。頭を使って戦略を練り、その戦略が正しいかどうかを実際の営業で試してみる。失敗しても、何度もトライする。

この地道な繰り返しが顧客に価値を与え、ひいては自社も価値を得られる正しい営業のやり方だと思います。

第5章

「言われるまま」を捨て、「顧客目線」を持つ

「経営の神様」も無理に売るなと言っている

パナソニックの創業者であり、「経営の神様」と呼ばれた松下幸之助が説いた「商売戦術三十カ条」をご存じでしょうか。

これは、顧客に対する接し方、商品陳列のコツ、店舗経営の仕方といった商売の基本的な心得を、松下電器（当時）の販売店の店主向けにわかりやすく説いて、配布したものです。

この冊子が作られたのは昭和11（1936）年です。当時、幸之助は41歳。小学校4年生から丁稚奉公《でっちぼうこう》に出され、以来32年間、商人として修業を積んできた頃にあたります。

その経験から生まれた金言が、この「商売戦術三十カ条」なのです。

この中の第十一条に、「無理に売るな、客の好むものも売るな、客の為になるものを売れ」というくだりがあります。

これは、まさにマーケティングの考え方そのもの、商売の王道だと思います。

「無理に売るな」とは、この本の中で最初からずっと言い続けてきたことです。売ろう売ろうとすればするほど、顧客は引いてしまいます。

営業に売り込まれて無理矢理買わされた顧客は、次に買ってくれるとは限りません。

「売る」のではなく「売れる」ようにする。「れ」が1文字入っているだけで大きな違いなのです。つまり「買っていただく」ようにする。その仕組みを作ることがマーケティングなのです。

「客の好むものも売るな」とは、顧客がすでに知っているもの、欲しいと思っているものを売っているだけでは意味がないのだ、という意味だと私は解釈しています。

ですから、顧客に価値を与えるもの、顧客の期待を超えるものを売る。それが「客の為になるものを売れ」につながるのだと思います。

現代も通じる近江商人の三方よし

この「商売戦術三十カ条」は、近江商人の「商売十訓」をベースに考えられたと言われています。

近江商人とは、近江国（現在の滋賀県）出身の商人のことで、大坂商人、伊勢商人と並ぶ日本三大商人のひとつだと言われています。その活動は鎌倉時代から始まり、江戸時代には日本全国で活躍、多くの大商人を生み出しました。現在の大企業の中にも、近江商人の流れをくむ企業が多数あると言われています。

その近江商人の商売の理念として有名なのが、**「売り手よし、買い手よし、世間よし」**の「三方《さんぽう》よし」です。

商売とは、売り手である自らの利益だけではなく、買い手、つまり顧客にとってはもちろん、世の中にとっても良いものであるべきだ、という、まさに現代の経営哲学と照らしてもまったく色あせない考え方です。

けれども、実際のところは「三方よし」を実現するのは難しいものです。

売り手側からすれば、目の前の目標に追われている現状で、「世間よし」まで考えるのは難しいかもしれませんが、では「買い手よしを考えた営業活動ができていますか」と聞かれても、「はい、できています」とはなかなか自信を持って答えられません。

厳しいノルマを課されたり、激しいプレッシャーを与えられたりすると、どうしても「売る」ことに必死になってしまい、ついつい「買い手よし」のことが頭から離れがちになります。売ること自体が最大の目的になってしまうのです。

「売れさえすればいい」という考え方をしてしまうと、値

下げをしたり、かえって顧客の言いなりになったりしてしまいます。これでは、「売り手よし」にも「買い手よし」にもなりません。

顧客の気持ちになりきる

「いかに売るか」と考えるのは、売り手の発想です。一方、「いかに価値を提供できるか」と考えるのが正しい営業の発想です。つまり、商売の起点は「顧客」にあります。

顧客を起点に考えて生み出した商品をリーズナブル（安いという意味ではありません）な価格で提供し、顧客の心を惹きつけます。

この際、顧客と接する最前線の営業担当者が、売り手目線で強引に売り込もうとしたら、すべてが無駄になってしまいます。

マーケティング戦略や営業戦略は、ビジネスの成否を左右する中心課題ですから、すべての部署のものであり、社員全員のものです。営業担当者一人ひとり、社員一人ひとりが、マーケティングマインドを持ち、顧客目線になる必要があります。

私は、アマゾンに在籍していたことは先にも書きましたが、創業者であるジェフ・ベゾスは、「顧客中心主義」を標榜《ひょうぼう》し、それを社員に徹底させていました。顧客中心主義とは、企業としてのすべての意思決定の基準を顧客に置くということです。私は、これを「顧客を自分の中心に置くこと」と解釈し、実行していました。自分が顧客だったらどうしてもらいたいか、常に考える。そうすることでしか、「買い手よし」の結果は生み出せないと思うのです。

このあたり、もちろん買い手の側にも問題はあるでしょう。自分は売り手より上の立場、売り手の都合などどうでもいい、という勘違いをしている顧客も中にはいて、不当な値下げ要求、無理な納期の設定、相手の都合はお構いなしの呼び出しなど、いろいろわがままを言ってきます。

営業の究極的な目的は、顧客と良好な関係を「継続的」に築くことです。

「売れさえすればいい」「金さえ払えばいい」というのは、売り手、買い手ともに自分のことだけしか考えていないことになります。無理のある商売は長続きしません。

レベルの低い商品・サービスを高額で無理矢理売りつける、というのはそもそも論外ですが、一方で顧客の無理な要求を聞いてばかりでも、質が高い商品・サービスを供給し続けることが難しくなり、かえって顧客にとって不利益になります。

ここで、「三方よし」の「世間よし」を考えてみます。

これは何も難しいことではなくて、適正な商品・サービスを適正な価格で売買すれば、売り手・買い手ともに価値を得られるので、世の中に活気が出てくることとも考えられます。

その意味でも、売り手側は、表面的な「買い手よし」ではなく、自らが営業しているものの価値を正しく認識し、その価値を広く知らしめることによって、互いに無理なく果実を得られる商売を継続できるように努力することが求められるのです。

世の中には、こうした理想が通らない面があるのも事実ですが、どんな局面にあっても、営業の王道を忘れないようにしなければいけないと思います。

ドラッカーの言葉

世に出ているマーケティング本のほとんどは、BtoC、対消費者向けのものです。私は、多くのBtoB、対企業取引での営業の相談をよくいただきますが、それをまとめた本が少ないことも事実です。

そこで、この本は、マーケティングの考え方を営業に取り入れて成果をあげる、というコンセプトで書いてきました。

マーケティングの歴史はまだ浅く、ここ100年くらいのものですが、その間に、学者や企業家たちが成功事例、さらにはその事例の研究を重ね、仮説・実践・検証を繰り返しながら体系化されてきました。

ただし、マーケティングが新しいビジネスを生み出したか、というとそれは違います。

もちろんITの発展やグローバル化の進展によって、

ビジネスのありようはかなり変化してきていますが、商売の真理は人間が商取引を始めた大昔から、ほとんど変わっていないはずです。

ずっと昔から、商売の達人は存在し、彼らがなぜ成功を継続してきたのか、それを分析、研究して誰にも目に見える形として示したのがマーケティングです。

ですから、一個人の成功哲学とは違い、普遍性の高いものなのです。

マーケティングを学んだら、学んだままにしておかず、「自分ならどうするか」と考えることが重要です。自分の状況に当てはめて、再現してみる。行動してみる。行動に移さない限り、成果をあげることは絶対にできません。

ドラッカーも、「知力、想像力、知識と、成果をあげることとの間には、ほとんど関係がない」と言っています。**成果をあげたいなら、行動に移して、地道に一歩一歩進んでいくしかありません。**知力、想像力、知識のある人が行動すれば、必ず良い結果を導くことができるはずです。

さらに、ドラッカーは、こんなことも言っています。

「成果をあげるのは、才能ではなく習慣である」

常に自分の営業手法は適切なのかを自問し、改善策を考え、成果があがればそれを習慣化する。

つまり、顧客目線に立って営業活動をすることを当たり前のこととする。そうしていれば、必ず結果はついてきます。確実に成果をあげることにつながるのです。

本書は、2015年8月に日本経済新聞出版社から発行した『なぜか売れる営業の超思考』を文庫化にあたって改題のうえ再編集したものです。

日経ビジネス人文庫

「なぜか売《う》れる」の営業《えいぎょう》

2018年8月1日　第1刷発行

著者
理央 周
りおう・めぐる

発行者
金子 豊

発行所
日本経済新聞出版社
東京都千代田区大手町1-3-7 〒100-8066
電話(03)3270-0251(代)　https://www.nikkeibook.com/

ブックデザイン
やなかひでゆき

印刷・製本
中央精版印刷

Printed in Japan ISBN978-4-532-19870-1

nbb 好評既刊

How Google Works

エリック・シュミット
ジョナサン・ローゼンバーグ
ラリー・ペイジ＝序文

すべてが加速化しているいま、企業が成功するためには考え方を全部変える必要がある。グーグル会長が、新時代のビジネス成功術を伝授。

FOCUS 集中力

ダニエル・ゴールマン
土屋京子＝訳

「集中力」こそが成功に欠かせない能力だ――。世界的ベストセラー『EQ』著者が、私たちの人生を左右する力の謎としくみを解き明かす。

未来をつくるキャリアの授業

渡辺秀和

1000人を越える相談者の転身を支援してきたキャリアコンサルタントが、夢を叶えるためのキャリアの作り方を伝授する！

戦略参謀

稲田将人

なぜ事業不振から抜け出せないのか、PDCAを回すには――。数々の経営改革に携わってきた著者による超リアルな企業改革ノベル。

「上から目線」の構造〈完全版〉

榎本博明

目上の人を「できていない」と批判する若手社員、威張り散らす中高年――「上から」な人のメカニズムを解説した話題作！